Le grand livre d'activités

POUR LES

garçons

créatifs et bricoleurs

POUR L'ÉDITION ORIGINALE

Éditeur James Mitchem
Maquettistes Sadie Thomas
Charlotte Bull, Ria Holland et Poppy Joslin
Photographe Andy Crawford
Éditeurs assistants Grace Redhead et Nikki Sims
Responsable éditorial Penny Smith
Responsable artistique Marianne Markham
Directrice éditoriale Mary Ling
Directrice artistique Jane Bull
Responsable de fabrication Raymond Williams
Suivi de fabrication Seyhan Esen
Responsable technique Sonia Charbonnier

POUR L'ÉDITION FRANÇAISE

Responsable éditorial Thomas Dartige
Édition Éric Pierrat
Couverture Marguerite Courtieu
Photogravure de couverture Scan+
Réalisation de l'édition française
Bruno Porlier
Traduction, édition et PAO Bruno Porlier
Correction Nathalie Porlier

Édition originale parue sous le titre :
The Boys'book of things to make

ISBN : 978-2-07-065705-6

Dépôt légal : avril 2014
N° d'édition : 257508
Loi n° 49-956 du 16 juillet 1949
sur les publications destinées à la jeunesse.

Imprimé et relié en Chine par South China Co. Ltd.

LE GRAND LIVRE d'ACTIVITÉS

POUR LES **garçons**

créatifs et bricoleurs

GALLIMARD JEUNESSE

Sommaire

Des idées pour créer

Des idées pour s'amuser

Planètes lactées

Des choses à savoir et à savoir faire

Chevalier marionnette

Attention

Pour toutes les opérations un peu risquées n'hésite pas à faire appel à un adulte !

Monstre de savon

L'éditeur et les auteurs déclinent toute responsabilité en cas de blessures ou d'accidents qui pourraient résulter d'une mauvaise interprétation des modes d'emploi donnés dans les pages de cet ouvrage.

Des idées pour créer

Dans ce chapitre, tu vas découvrir comment créer **quelque chose** à partir de **rien**... Ou plus exactement, comment fabriquer des objets à partir d'éléments faits normalement pour d'autres usages : un périscope, par exemple, pour regarder par-dessus les murs en utilisant des boîtes de jus de fruit, ou bien des figurines monstrueuses faites de savon. Alors n'attends pas pour exercer ta créativité. Tourne vite la page !

Les p'tits bateaux...

Prêt à appareiller capitaine Jack Sparrow ? Lance sur les flots tes navires pirates contre ceux du gouverneur. Ici, il s'agira seulement de **bateaux en papier** dans un bassin. Mais imagine-toi à la barre et vois comme il est facile de **couler** la flotte ennemie !

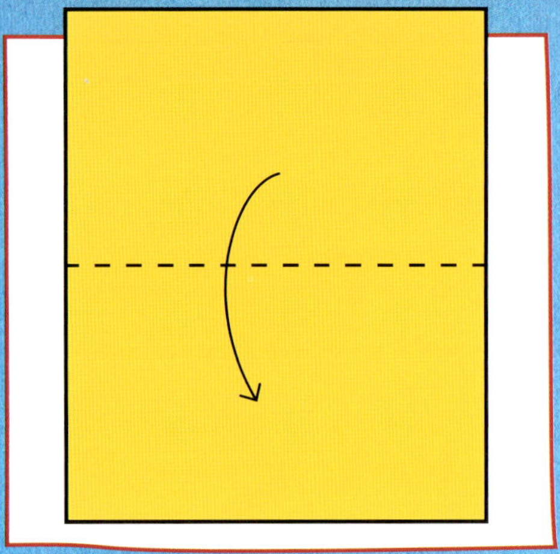

1 Plie en deux une feuille de papier ou de carton coloré en rabattant la moitié supérieure sur la moitié inférieure.

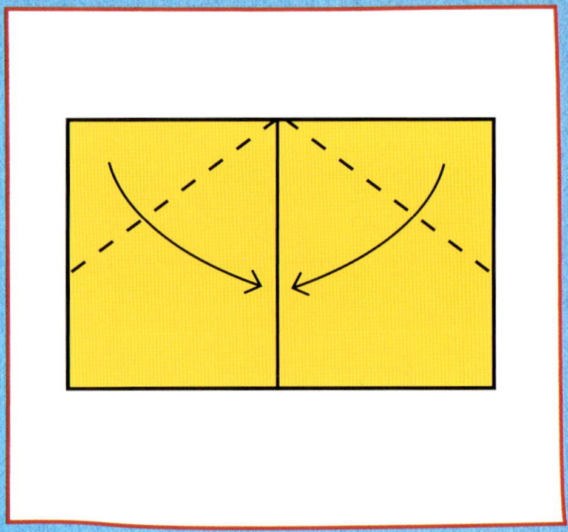

2 Plie à nouveau le papier en deux, puis rouvre-le. Plie ensuite les coins supérieurs en les alignant sur la pliure centrale.

Il te faut

- Des grandes feuilles de papier ou de carton léger
- Des drapeaux en papier

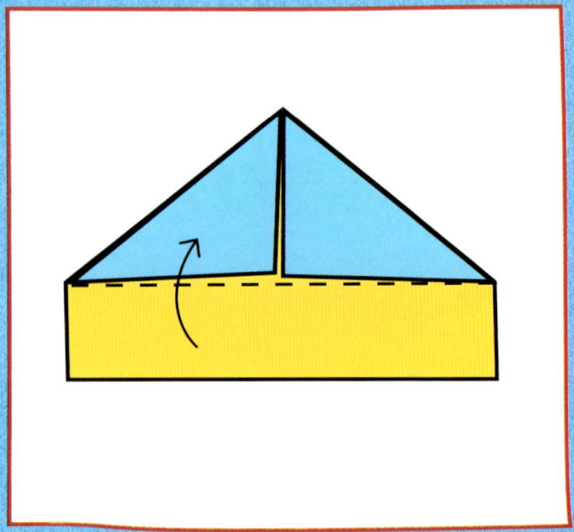

3 Dans la partie inférieure du pliage se trouvent deux bandes de papier superposées. Replie celle du dessus en la rabattant vers le haut.

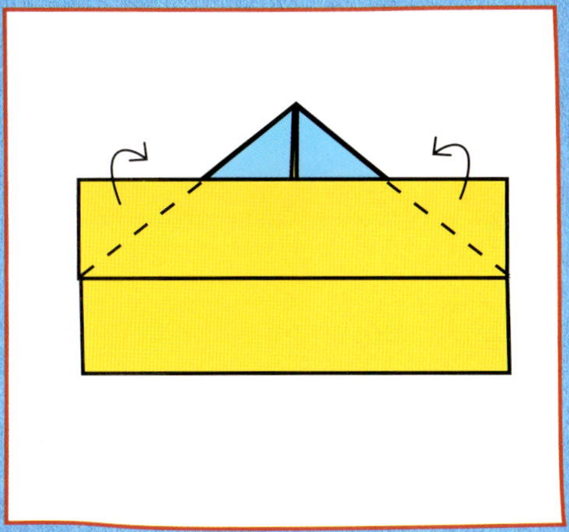

4 Replie les coins de la bande sur l'arrière, puis retourne le pliage sur son autre face, et procède de la même manière avec la deuxième bande de papier.

5 Écarte les deux côtés de ton pliage par la base en les ouvrant et en les aplatissant complètement, jusqu'à obtenir la forme carrée représentée ci-dessus. Des deux côtés du pliage, rabats le triangle inférieur sur le triangle supérieur.

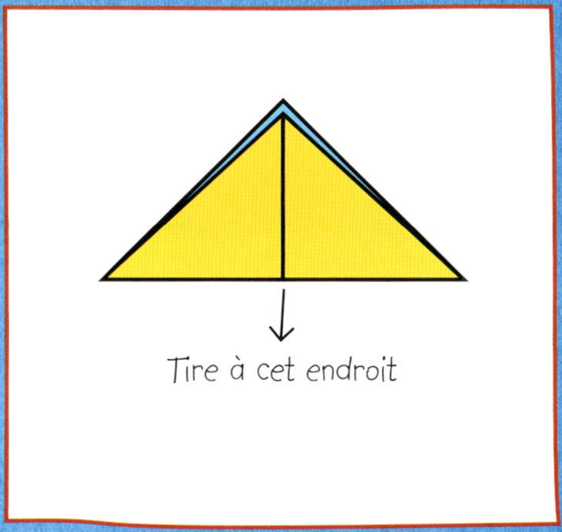

6 Comme précédemment, ouvre les deux côtés du pliage par la base et aplatis-les complètement, jusqu'à obtenir le losange ci-dessous.

7 Saisis les deux moitiés du pliage par le sommet et tire dessus pour former le bateau. Écarte la voile par l'intérieur, sous le bateau, pour élargir sa base.

Un périscope portable

Les sous-marins utilisent un périscope pour voir au-dessus de la surface tout en restant sous les flots. À l'aide de ce modèle portable, tu vas pouvoir, toi aussi, **épier par-dessus les murs** et **dans les coins** sans te faire voir. Un outil idéal pour les agents secrets en herbe !

Il te faut

- Deux boîtes de jus de fruits vides
- Des ciseaux
- De la bande adhésive
- Un rapporteur
- Un crayon
- Deux miroirs en plastique
- De la peinture, des marqueurs ou du papier imprimé pour la décoration

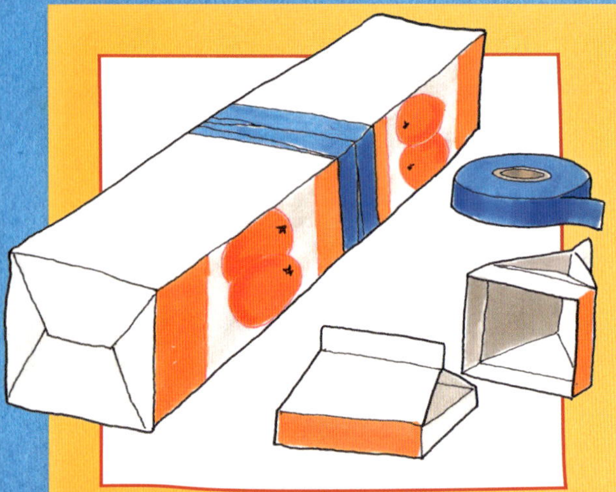

1 Découpe le sommet des boîtes de jus de fruits. Nettoie-les bien, puis assemble-les bout à bout à l'aide de bande adhésive pour former un long tube.

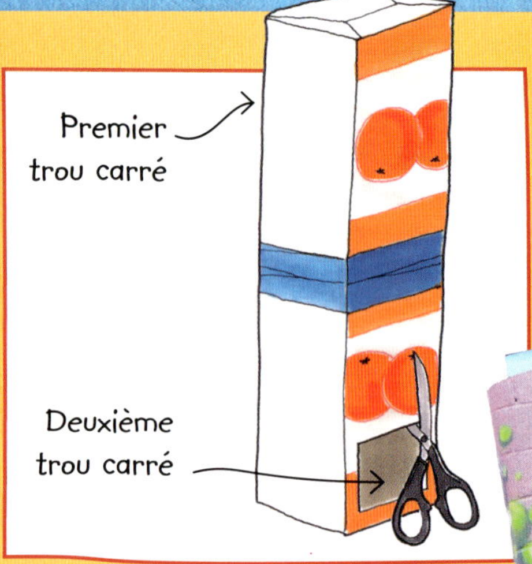

2 Découpe un trou carré dans l'une des faces près de la base du tube, et un second trou similaire à l'autre extrémité sur la face opposée.

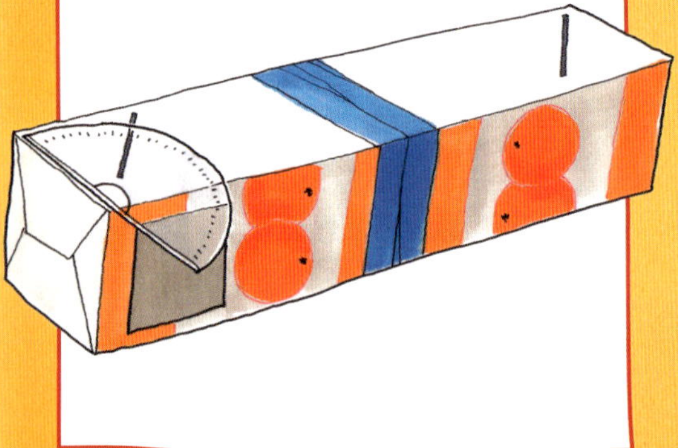

3 Couche le tube sur le côté et, à l'aide d'un rapporteur, marque un trait à 45° en regard des deux trous, sur chaque côté.

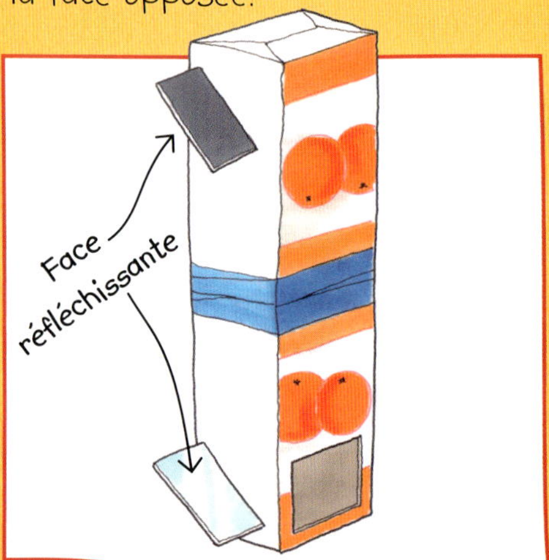

4 Le long des traits, pratique une fente correspondant à la largeur des miroirs. Glisse dedans les miroirs, la face réfléchissante vers le trou.

UNE SUPER IDÉE

Une fois ton périscope achevé, décore-le à l'aide de marqueurs, de peintures de différentes couleurs ou de papier d'emballage.

Comment ça marche

Les miroirs réfléchissent la quasi-totalité de la lumière qui tombe sur eux, et dans une seule direction. Le périscope renvoie la lumière arrivant sur l'un des miroirs vers le second. Lorsque tu regardes le second miroir, tu vois donc l'image qui s'est formée sur le premier.

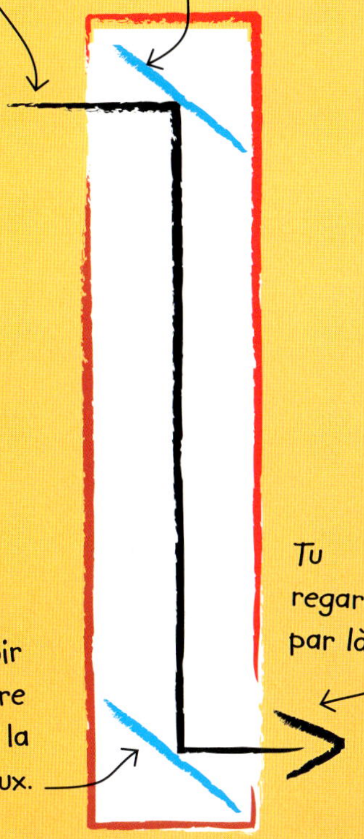

ENCORE UNE SUPER IDÉE

Camoufle ton périscope afin de rester complètement dissimulé.

La voiture-ballon

Fabrique ta **voiture à réaction** propulsée par un ballon avec des objets récupérés dans la maison. Demande à tes copains d'en construire une chacun et **organise des courses** !

Il te faut

- Une paille
- De la bande adhésive
- Une bouteille en plastique
- Deux brochettes en bois
- Du carton
- Des ciseaux
- De la pâte adhésive
- Un morceau de tube en plastique
- Un ballon de baudruche
- Un élastique

1 Coupe la paille en deux moitiés. Fixe-les solidement sur un côté de la bouteille, l'une près du goulot, l'autre près de la base..

2 Glisse les brochettes en bois dans les pailles. Elles doivent pouvoir tourner librement à l'intérieur.

3 Pour faire les roues, utilise des objets ronds pour tracer sur le carton, en suivant leur contour, quatre cercles : deux grands et deux petits. Découpe-les.

4 Marque le centre des roues et insère chacune à l'extrémité des brochettes en perçant le carton. Fixe-les au moyen d'un peu de pâte adhésive.

5 Insère le tube en plastique dans l'ouverture du ballon et fixe l'ensemble en enroulant autour un élastique suffisamment serré.

TOP DÉPART !
Place ta voiture sur une pente, souffle dans le tube pour gonfler le ballon, puis lâche tout. Regarde ton bolide partir en trombe.

6 Demande à un adulte de percer deux trous dans la bouteille, l'un dans le côté, l'autre dans la base. Passe le tube en plastique au travers, comme le montre l'illustration.

Décore ta bouteille avec des silhouettes de voitures découpées dans du carton.

Des avions en papier

Pas besoin de moteur à réaction pour se fabriquer **un petit avion** : une feuille de papier, quelques plis judicieusement placés, et le tour est joué ! Décore-le, si tu le veux, de motifs rouges, verts et bleus. Pour faire joli, tout est permis !

Il te faut

- Des feuilles de papier blanc ou coloré
- De la peinture de différentes couleurs
- Des crayons de couleur, feutres ou ordinaires
- Des autocollants

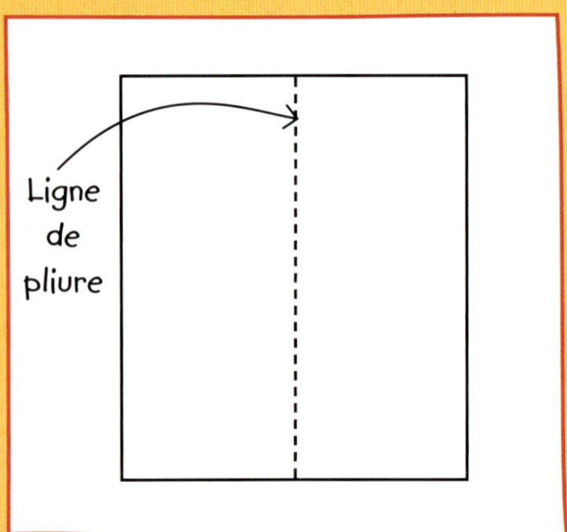

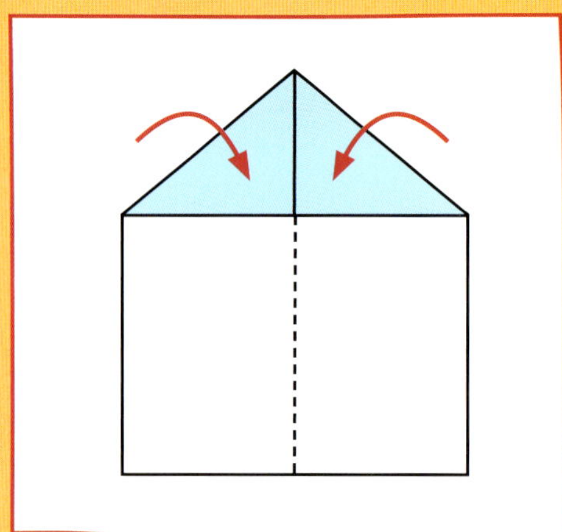

Si le nez est écrasé dans un crash, l'avion risque de ne plus voler correctement. Tu peux donc protéger le nez en le repliant sur lui-même.

1 Plie une feuille de papier rectangulaire en deux dans le sens de la longueur, puis déplie-la pour marquer une ligne de pliure médiane.

2 Plie les deux coins supérieurs en les alignant sur la ligne de pliure pour former un sommet en pointe. Veille à ce que les deux coins soient bien de même taille, ce qui n'est possible que si la ligne de pliure médiane est bien au centre de la feuille et si tu as plié soigneusement les coins en les alignant bien.

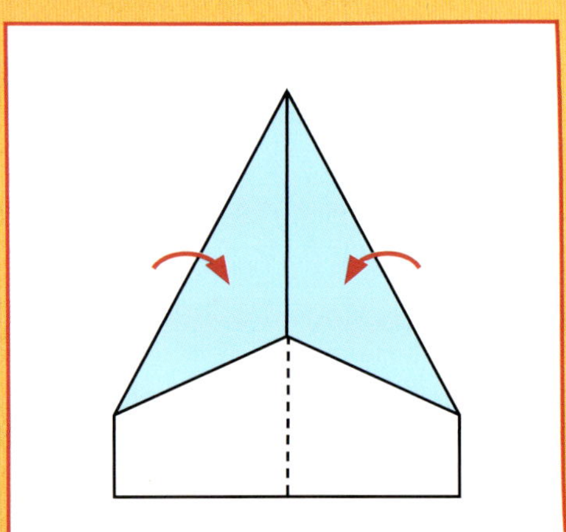

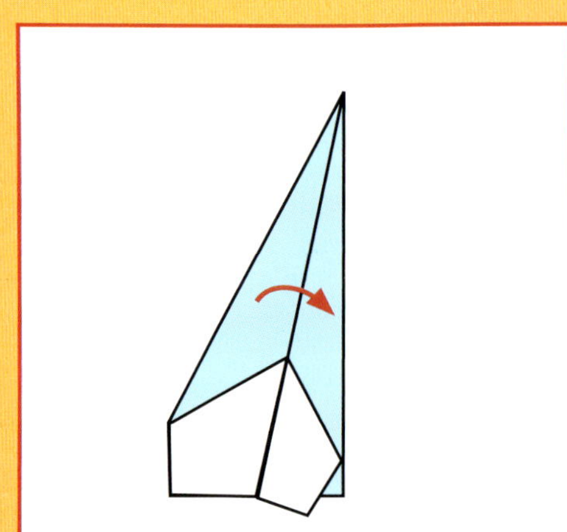

3 Replie toujours soigneusement les côtés vers l'intérieur en les alignant sur la médiane. Aplatis et lisse bien toutes les pliures.

4 Replie ensuite sur elles-mêmes les deux moitiés de l'avion sur la pliure médiane et pose le pliage bien à plat.

5 Pour former les ailes, plie ensuite l'un des bords obliques en le ramenant vers l'extérieur et en l'alignant sur la pliure médiane. Répète l'opération sur l'autre côté du pliage.

Des plis nets et bien marqués rendent l'avion plus rigide, ce qui lui permet de conserver sa forme.

Tu n'as plus qu'à rechercher un espace dégagé pour lancer ton avion !

Si tu replies légèrement le bord arrière d'une des ailes vers le haut et celui de l'autre aile vers le bas, ton avion volera en spirale.

Ta flotte aérienne

Fabrique-toi toute une escadrille et choisis les couleurs de tes avions. Essaie différents papiers de couleur et dessine, sur la carlingue et les ailes, des détails et des symboles au moyen de stylos feutres, de peintures ou bien de motifs autocollants.

Essaie de nouvelles formes

Essaie des pliages différents et teste-les pour voir s'ils volent bien.

En repliant le nez vers l'arrière, tu peux donner à ton avion des airs de poisson volant.

Des robots recyclés

Aujourd'hui, tu as décidé de fabriquer un robot. Plonge dans le bric-à-brac des vieux objets que tes parents conservent. Recherche des pièces dont les formes t'inspireront. Tu y découvriras sûrement de quoi créer plusieurs personnages différents.

Il te faut

- Des vieux boulons, des écrous et des vis usagés
- Des boîtes de conserve bien lavées et autres conteneurs mis au rebut
- De la colle adaptée aux matériaux utilisés
- Des aimants

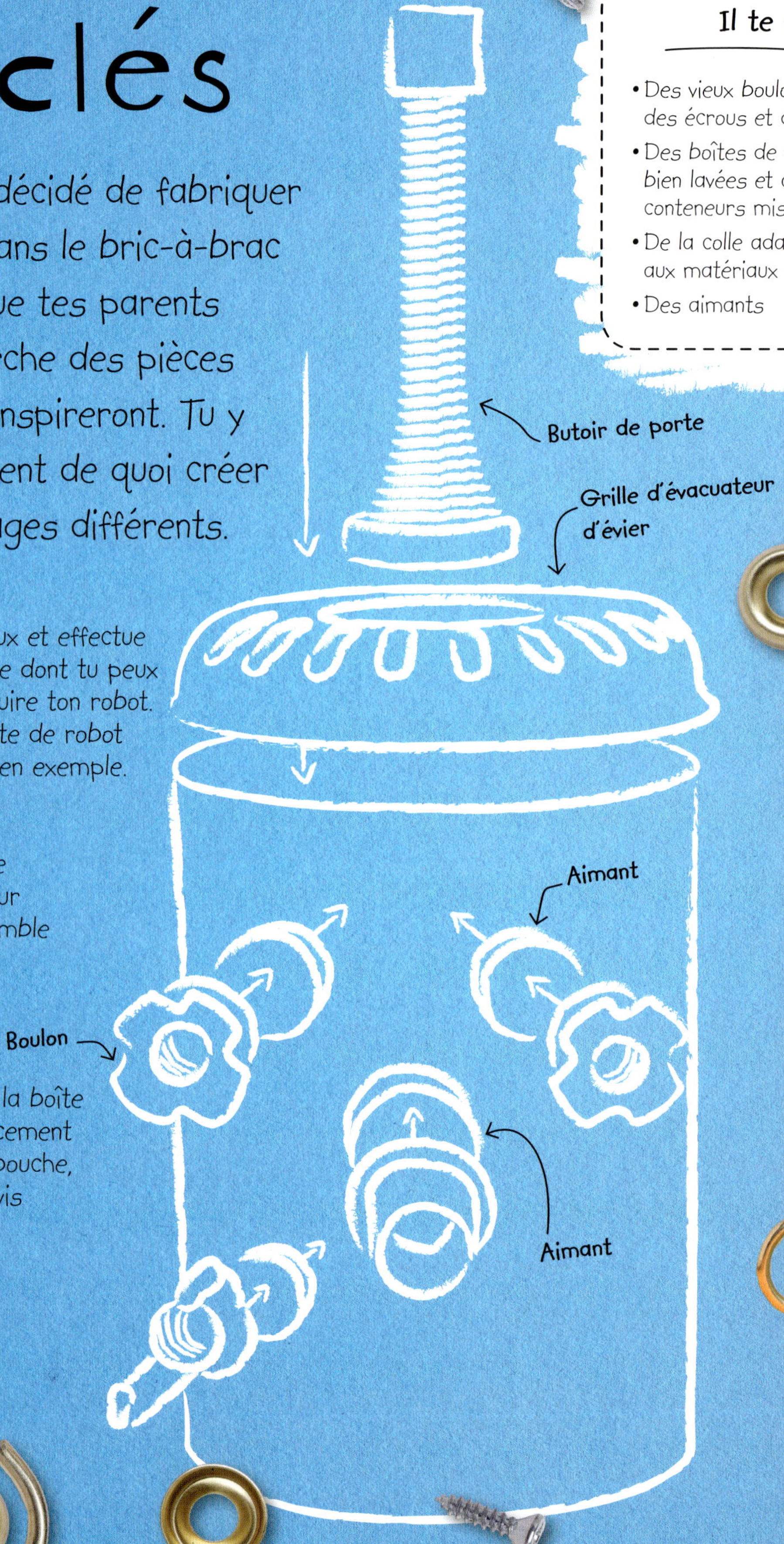

1 Rassemble tes matériaux et effectue un croquis de la manière dont tu peux les assembler pour construire ton robot. Tu peux aussi utiliser la tête de robot que nous te proposons ici en exemple.

2 Colle le butoir de porte sur la grille d'évacuateur d'évier. Colle ensuite l'ensemble sur la boîte de conserve et laisse sécher.

3 Colle des aimants sur la boîte de conserve à l'emplacement des yeux, du nez et de la bouche, puis applique dessus des vis et des boulons.

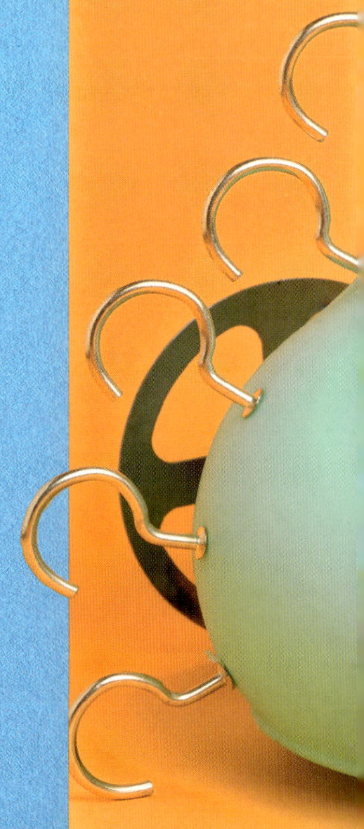

Les objets ronds peuvent servir à faire des yeux.

Toute une galerie

Tu peux fabriquer différents robots à partir de n'importe quoi : des vis, des vieilles brosses, des boîtes de conserve, des couverts, des crochets, des boulons, etc. À toi de dénicher les pièces et les objets qui t'inspireront.

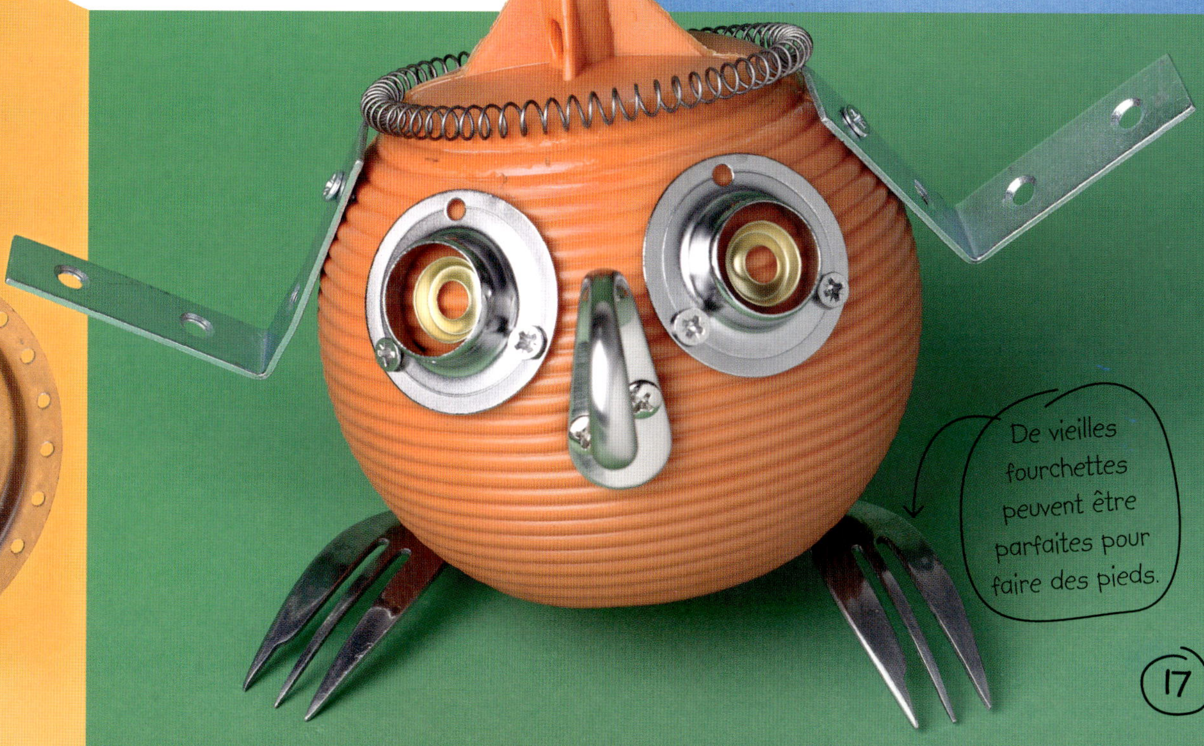

De vieilles fourchettes peuvent être parfaites pour faire des pieds.

Des masques d'aliens

Tu recherches une idée de **déco cool** pour ta chambre ou une inspiration pour ton prochain **déguisement de fête** ? Dans les deux cas, ces masques d'extraterrestres feront l'affaire. Il ne te reste qu'à te mettre en quête des bouteilles en plastique pour leur fabrication.

Il te faut

- Des grandes bouteilles en plastique
- Des ciseaux
- Des attaches parisiennes
- Des sacs en plastique
- De la peinture acrylique

1 Trace une ligne pointillée faisant le tour de la face opposée à la poignée. Découpe la partie ainsi délimitée et élimine-la.

2 Trace ensuite une ligne vers la base de la bouteille comme indiqué ci-dessus. Découpe-la pour faire une mâchoire articulée.

3 Dessine et découpe les dents et les yeux. Perce un trou de chaque côté aux points d'articulation des deux mâchoires, ainsi que derrière les yeux.

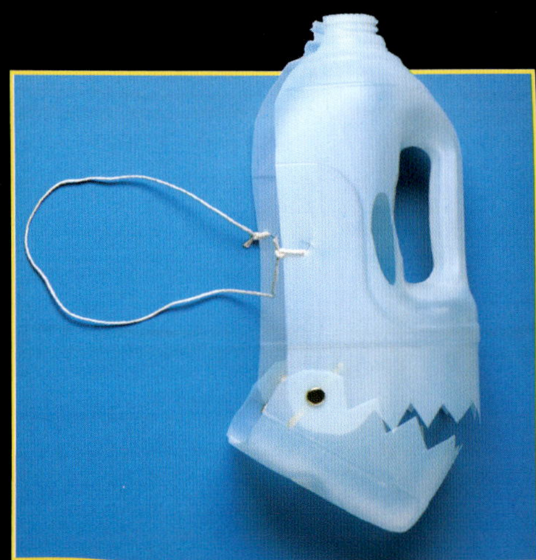

4 Insère des attaches parisiennes dans les trous du bas pour articuler la mâchoire, et passe une ficelle dans les trous derrière les yeux.

POIL AU MENTON

Utilise des bandes de plastique découpées dans des sacs de différentes couleurs pour créer une barbe ou des cheveux.

À FAIRE PEUR

Utilise des peintures fluorescentes pour donner à tes masques un aspect encore plus effrayant dans le noir.

Le livre aux secrets

Les meilleures **cachettes** sont souvent les plus banales, celles que l'on a tous les jours sous les yeux. Et qu'y a-t-il de plus **ordinaire** qu'un livre sur son étagère ? Personne ne songerait à aller y regarder de plus près. Et pourtant, celui-ci cache un **secret**...

Il te faut

- De la colle soluble dans l'eau
- De l'eau
- Un pinceau
- Un vieux livre que tu veux sacrifier
- Une règle
- Un cutter

1 Dilue la colle dans un peu d'eau. Ouvre le livre, tourne quelques pages du début et enduis la tranche de colle à l'aide d'un pinceau en laissant de côté les pages du début.

2 Referme le livre en prenant soin de séparer les pages du début avec une épaisseur de papier. Leste-le avec un livre lourd et laisse-le ainsi jusqu'à ce que la colle sèche.

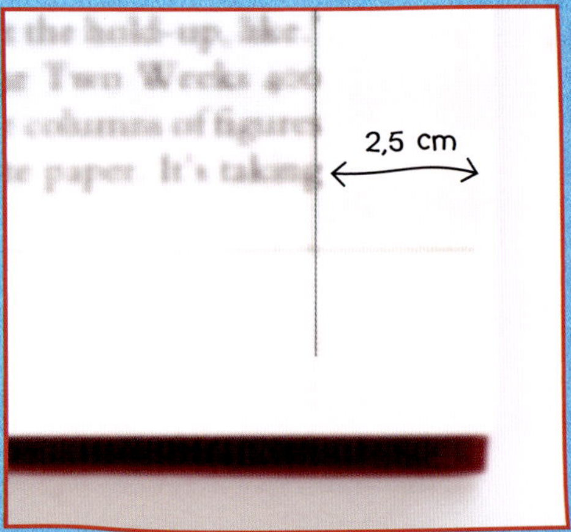

3 Ouvre le livre en écartant les pages non collées. En t'aidant d'une règle, trace, sur la première page collée, un rectangle à 2,5 cm des bords.

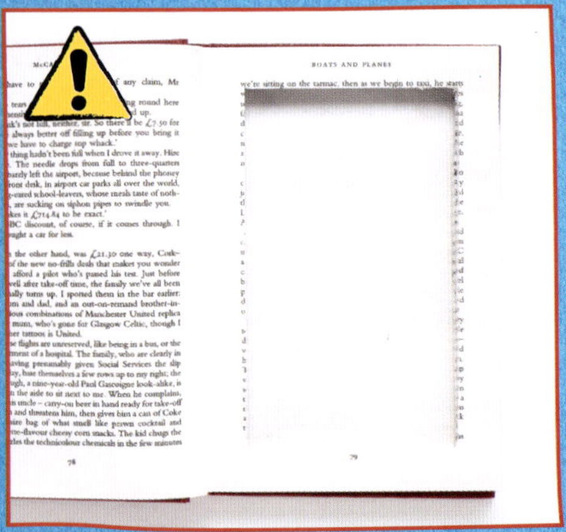

4 Demande à un adulte d'évider le rectangle à l'aide d'un cutter sur toute l'épaisseur du livre. C'est une opération dangereuse : n'essaie pas de la réaliser tout seul.

5 Enduis de colle la tranche intérieure des pages découpées et laisse sécher. Il se peut que tu aies besoin de répéter plusieurs fois l'opération pour bien coller les pages.

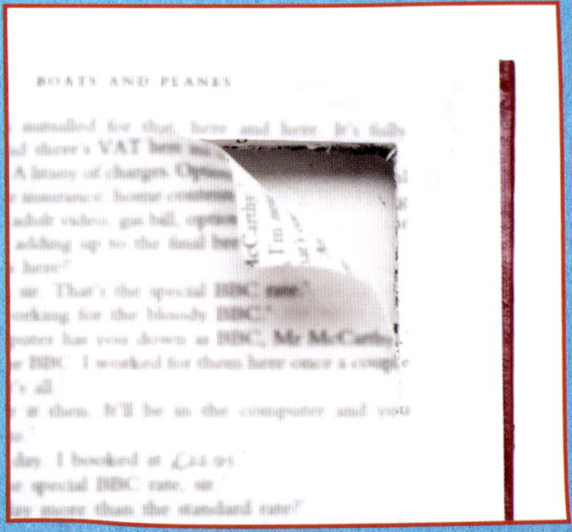

6 Pour faire un bord bien net, colle la dernière page libre sur les pages évidées et découpe-la proprement au cutter au ras du trou.

Remplis ton livre avec les objets que tu souhaites y cacher et replace-le sur son étagère.

Monstrueux miroir

Voici un concours amusant. Fais venir tes copains devant le miroir et jouez à qui fera la meilleure **tête-de-celui-qui-se-fait-dévorer-par-le-monstre**. Pour faire plus vrai, les grimaces d'effroi et les cris d'agonie sont fortement conseillés.

Il te faut

- Deux plaques de carton ondulé
- Un crayon
- Des ciseaux
- De la peinture
- Un petit miroir de travaux manuels
- De la colle
- De la bande adhésive

1 Dessine la silhouette de ton monstre sur les deux plaques de carton et découpe-les.

2 Sur l'une des pièces, trace un cercle au centre et dessine des dents, puis évide l'espace de la bouche. Dessine aussi les yeux.

Les soucoupes volantes feront aussi des silhouettes amusantes pour fabriquer des miroirs.

3 Peins la face externe de tes deux pièces de carton et laisse-les sécher.

4 Dispose le miroir sur la face non peinte du carton de telle sorte qu'il recouvre le trou de la bouche, face réfléchissante vers l'extérieur. Fixe-le à l'aide de bande adhésive.

5 Colle par-dessus la plaque arrière. Leste l'ensemble pendant le séchage.

UN CONSEIL

N'importe quelle forme de monstre pourra faire l'affaire, mais il vaut mieux que le miroir soit toujours placé à peu près au centre.

7 Peins ton chevalier avec de la peinture argentée. Dans du carton, découpe un bouclier et un plastron. Recouvre-les de feutre et fixe-les à ta marionnette.

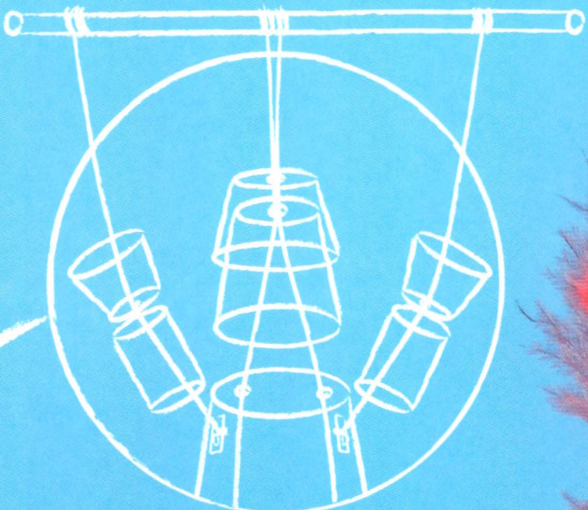

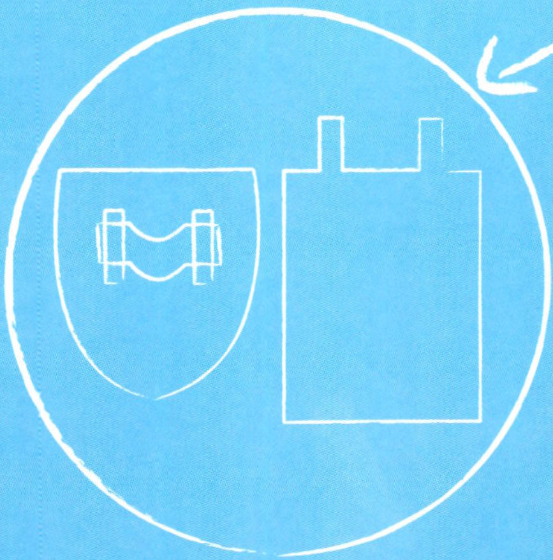

6 Pour faire la tête, perce deux trous centraux au fond de deux gobelets en carton. Raccourcis l'un des deux et retourne-le par-dessus l'autre. Passe les ficelles des deux jambes à travers les deux gobelets. Relie chaque ficelle à un bâton horizontal.

Essaie d'ajouter de la personnalité à ton chevalier en lui peignant des yeux.

Colle deux bâtonnets d'esquimaux pour faire l'épée.

Fixe la ficelle avec un morceau de bande adhésive pour l'empêcher de glisser.

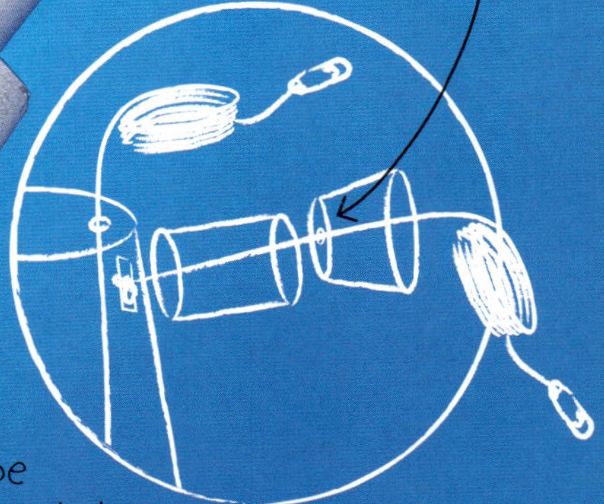

Passe la ficelle du bras derrière la poignée du bouclier avant de l'attacher au bâton horizontal.

5 Coupe deux gobelets et un tube en carton aux bonnes dimensions pour faire les deux bras et la tête. Passe la ficelle de chaque bras dans une portion de tube, puis, de l'extérieur, dans le fond d'un gobelet.

Le Chevalier en carton

Plonge dans ton bac à recyclage pour y trouver de quoi fabriquer ce **chevalier en armure**. Et voici messire du Rebut !

Il te faut

- De la ficelle et des épingles de nourrice
- Des gobelets en carton, dont un très grand
- De la peinture
- Des tubes en carton de type rouleau d'aluminium
- Des bâtonnets d'esquimaux
- Du carton

Commence par ici

1 Coupe un long morceau de ficelle. Fais un nœud d'arrêt à une extrémité ; passe une épingle de nourrice dans l'autre. Fais un trou central au fond d'un gobelet et passe la ficelle à travers en y glissant l'épingle de nourrice de l'intérieur. Fixe le nœud au fond du gobelet avec de la bande adhésive.

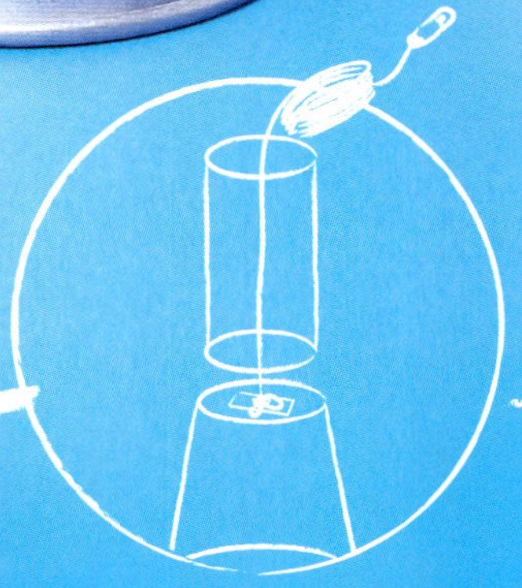

2 Coupe en deux moitiés égales un tube en carton pris sur un rouleau d'aluminium, par exemple, et passe la ficelle à travers l'une des deux moitiés. Répète les étapes 1 et 2 pour fabriquer la seconde jambe.

3 Perce deux trous diamétralement opposés dans le fond d'un très grand gobelet et passe à travers la ficelle des jambes.

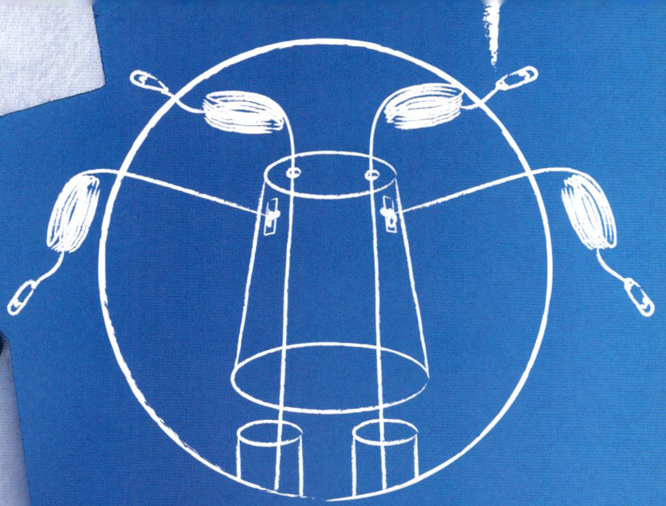

4 Perce deux trous diamétralement opposés pour les bras dans les côtés du grand gobelet. Fais un nœud d'arrêt au bout de deux nouveaux morceaux de ficelle et passe-les dans ces trous.

En avant la musique !

Envie de faire du bruit **qui sonne ?** D'accord, mais pas besoin de coûteux claviers, de guitares ou de batteries pour **se faire un bœuf !** Trouve simplement quelques pots en verre, des boîtes de conserve et — c'est de la plus haute importance — **l'indispensable cuillère** pour taper sur tout ça.

Il te faut

- Des ballons de baudruche
- Des boîtes de conserve
- Des élastiques

Un xylophone en verre

Il te faut

- Des pots en verre vides, tous identiques de préférence
- Une cuillère
- De l'eau
- Des colorants alimentaires

Verse une hauteur d'eau différente dans chaque pot : chacun sonnera en émettant une note distincte quand tu taperas dessus avec la cuillère. Plus tu verses d'eau, plus le son émis est grave ; moins tu en verses, plus il est aigu. En ajustant la hauteur d'eau dans un pot, tu peux « accorder » avec précision la note émise pour créer un clavier d'octaves complètes : do, ré, mi, fa, sol, la, si, do...

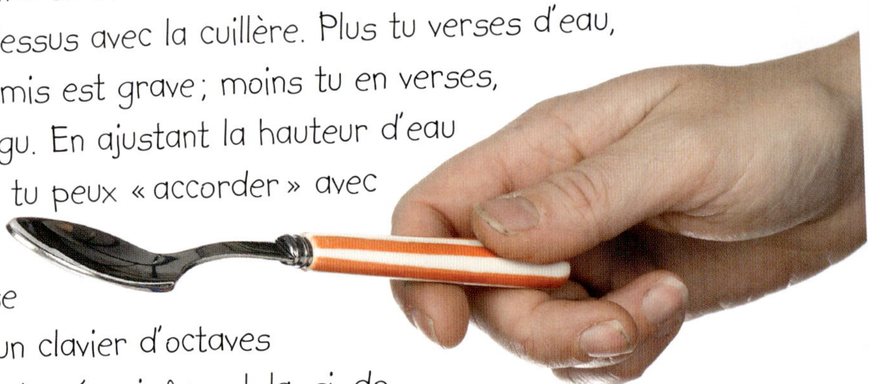

Les colorants alimentaires ne sont pas indispensables, mais ils peuvent servir à repérer les notes, comme les touches noires et blanches sur un clavier.

Des bongos à main

1 Coupe un ballon de baudruche d'un seul côté sur toute sa hauteur de façon à obtenir une large pièce de caoutchouc que tu pourras étaler.

2 Place la pièce de caoutchouc sur l'ouverture d'une boîte de conserve en la tendant bien et fixe-la avec un élastique très serré.

3 Ajoute et fixe de la même manière une deuxième membrane en caoutchouc, puis découpe dedans des petits trous pour la déco.

Garde le rhythme!

UNE IDÉE
Utilise des boîtes de conserve de différentes tailles et crée une batterie de bongos produisant une gamme de sons différents.

Des planètes lactées

Notre galaxie, la Voie lactée, est composée d'innombrables **étoiles et planètes** et il faut un télescope pour les observer. Mais savais-tu que tu peux recréer tout un système de planètes avec du lait — des planètes lactées, en somme — dans ta cuisine ? Voici comment procéder.

Il te faut

- Des couvercles de pots de conserve
- Du lait
- Des colorants alimentaires
- Du liquide vaisselle
- Des cotons-tiges

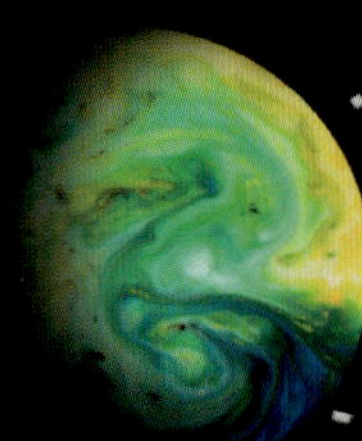

1 Pose les couvercles à l'envers sur une table et remplis-les d'un peu de lait. Il en faut juste assez pour recouvrir le fond des couvercles.

2 Ajoute dans le lait quelques gouttes de colorants alimentaires de différentes couleurs. Utilise autant de couleurs que tu le souhaites pour obtenir l'aspect que tu recherches.

3 Plonge l'extrémité d'un coton-tige dans du liquide vaisselle, puis sers-t'en pour mélanger le lait et les colorants en y dessinant des motifs tourbillonnants évoquant l'atmosphère d'une planète.

Crée des planètes différentes de la nôtre.

UNE SUPER IDÉE

Photographie toutes les planètes que tu auras créées pour réaliser un album de ton propre système solaire.

Utilise des couvercles plus grands pour créer des planètes géantes.

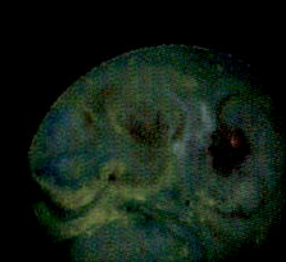

Une bonne pâte à pizza

Y en a-t-il un seul parmi tes copains, qui n'aime pas **la pizza** ? C'est peu probable. Et les meilleures pizzas sont **celles que l'on fait soi-même**. Voici comment procéder.

Il te faut

- 500 g de farine à pain blanche
- Un sachet de 10 g de levure sèche
- Du sel
- 360 ml d'eau chaude
- 4 cuillerées à soupe d'huile d'olive

1 Verse la levure et l'eau chaude dans un bol. Mélange le tout avec un doigt, puis laisse reposer cinq minutes.

2 Dans un saladier, mélange la farine et l'huile d'olive. Creuse un puits dans le centre et verses-y le mélange de levure et d'eau. Mélange bien le tout.

3 Tu vas obtenir une pâte. Couvre tes mains de farine et pétris ta pâte pendant 10 minutes. Demande à un adulte de te montrer les gestes à effectuer.

4 Place ta pâte dans un saladier et recouvre-le de film de cuisine transparent. Laisse ta pâte reposer dans un endroit chaud pendant environ 30 minutes, jusqu'à ce qu'elle ait doublé de taille.

5 Enfonce ton poing dans la pâte pour chasser l'air en excès qu'elle contient, puis pétris-la à nouveau. Ensuite, il sera temps de préparer tes garnitures.

Cela devrait suffire pour faire quatre pizzas.

Tu trouveras à la page suivante des idées de garnitures.

Pizza per tutti !*

* « Pizza pour tout le monde ! », en italien

Il te faut

- De la pâte à pizza (voir p. 30-31)
- De la farine
- De la purée de tomate ou de la passata
- Pour le fromage, du cheddar ou de la mozzarella

Idées de garniture

- Des champignons
- Des poivrons rouges, verts et/ou jaunes
- Des olives
- Du pepperoni
- Du basilic et de l'origan
- Du maïs doux
- Du jambon
- Du poulet cuit
- Des tomates
- Etc.

L'un des gros avantages de la pizza, c'est que tu peux la garnir avec presque **tout ce que tu veux** ; le résultat est **toujours délicieux** ! Invite tes copains à venir déguster et à donner leur avis sur tes différentes formules de garnitures : une super soirée en perspective !

1 Préchauffe ton four à 220 °C. Répands un peu de farine sur ton plan de travail et sur ton rouleau à pâtisserie, puis étale ta pâte en pâtons ronds de 18 cm de diamètre.

2 Dépose un bon petit tas de purée de tomates ou de passata au milieu de chaque pâton et étale-le avec le dos d'une cuillère.

3 Pour les garnitures, compose tes mélanges d'ingrédients favoris et arrange-les sur les pizzas. C'est le moment de mettre à profit ta créativité pour dessiner des visages.

4 Répands ensuite par-dessus du cheddar râpé ou des petits morceaux de mozzarella, puis mets tes pizzas au four pendant 10 à 12 minutes, jusqu'à ce que la pâte brunisse.

BON À SAVOIR

Utilise du fromage en petits morceaux ou râpé. Il fondra et se répandra mieux que des gros morceaux.

Amuse-toi à dessiner de drôles de visages!

Des cookies vite faits

Un petit creux au retour de l'école ? Vite, prépare-toi ces **cookies** ; ils seront prêts en moins d'une demi-heure. Et tu peux **varier les parfums** si ça te chante. Lequel vas-tu choisir aujourd'hui ? Chocolat ? Noisette ? Smarties ? Tu n'as que l'embarras du choix.

Il te faut

- 100 g de beurre à température ambiante
- 1 œuf
- 125 g de sucre en poudre
- ½ cuillérée à soupe d'extrait de vanille
- 150 g de farine avec levure incorporée
- Des éclats de chocolat, des noix, des noisettes, des raisins sec, des cerises confites, etc.
- Du papier sulfurisé

1 Préchauffe ton four à 180°C. Dans un saladier, verse les œufs, le beurre, le sucre et l'extrait de vanille et mélange bien le tout avec un batteur.

2 Ajoute la farine en la tamisant et mélange l'ensemble jusqu'à obtenir une pâte bien lisse. Puis incorpore les éclats de chocolat, ou tout autre ingrédient de ton choix.

3 Fais des petites boules avec la pâte et aplatis-les. Mets-les au four sur une plaque recouverte de papier sulfurisé, en les écartant les unes des autres. Laisse cuire 15 minutes.

C'est à l'étape 2 que tu dois incorporer les ingrédients correspondant au parfum de ton choix.

Tu peux aussi étaler la pâte et la découper
en pâtons de formes diverses.
Aimes-tu les cookies au chocolat ?
Orne tes cookies avec un glaçage en sucre

Milk-shakes à gogo

Quoi de meilleur qu'un milk-shake bien frais lorsqu'il fait très chaud ? C'est **facile et rapide à préparer** et tous les parfums se prêtent à sa préparation. Il te suffit de **choisir les fruits** à mélanger, de réunir tes ingrédients... et d'appuyer sur le bouton. Peut-on faire plus simple ?

Il te faut

(pour 4 personnes)

- 400 g de fruits rouges mélangés, 4 bananes ou autres fruits de ton choix
- 600 ml de lait
- 8 boules de glace à la vanille

1 Prépare tes fruits en retirant les queues de fraises, en pelant les bananes ou en retirant les noyaux des pêches. Place-les ensuite dans un mixer.

2 Ajoute le lait et la glace et mixe le tout pendant à peu près une minute. Verse le mélange dans des grands verres et tu n'as plus qu'à servir. Quel délice !

IDÉE GOURMANDE

Essaie de mixer ensemble différents ingrédients et détermine les mélanges que tu préfères. Ce qui est génial, avec le milk-shake, c'est que la plupart des fruits conviennent. Et tu peux même y ajouter du chocolat !

De la gelée fluorescente

Donne à tes gelées une autre dimension en utilisant **un ingrédient spécial** — de l'eau tonique — qui la rendra fluorescente sous la lumière ultraviolette. Une idée d'enfer, par exemple pour ta prochaine fête d'anniversaire !

Il te faut

- De la préparation à base de gélatine pour gelée
- De l'eau tonique (type Schweppes ou Canada Dry)
- 1 cuillérée à soupe de sucre
- Un moule ou un saladier
- Une lampe à lumière ultraviolette (UV)

1 Suis les instructions figurant sur le paquet de préparation pour gelée, mais utilise de l'eau tonique au lieu d'eau plate.

2 Respecte les dosages indiqués dans les instructions. Ajoute simplement un peu de sucre pour compenser le goût amer de l'eau tonique.

3 Verse le mélange dans un moule ou un grand bol et place-le au réfrigérateur pour que la gelée prenne.

4 Une fois prise, démoule ta gelée en retournant le moule sur une assiette. Éteins la lumière, allume ta lampe à ultraviolets et place-la derrière la gelée. Regarde : elle devient fluorescente !

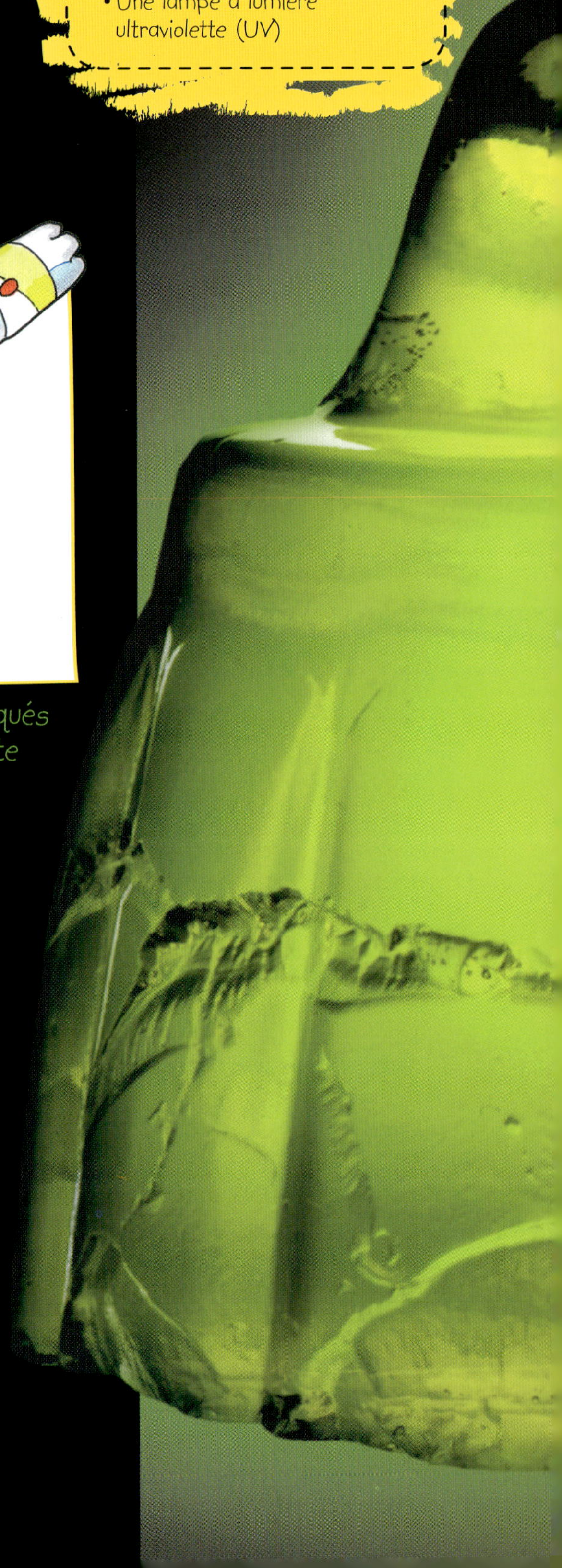

L'eau tonique contient une substance appelée quinine, qui devient fluorescente sous les UV.

OÙ LES TROUVER

On peut se procurer des lampes UV pour pas cher dans les magasins de bricolage.

Un volcan en éruption

Bien en sécurité chez toi, joue les volcanologues amateurs. Fabrique ce **volcan en modèle réduit** sur la table de la cuisine et observe la **lave** jaillir de son cratère.

Il te faut

- Une bouteille en plastique
- 3 cuillérées à soupe de bicarbonate de soude
- Du colorant alimentaire rouge
- Du liquide vaisselle
- Du sable
- Du vinaigre

1 Remplis la bouteille aux trois quarts environ d'eau chaude. Verse dedans le bicarbonate de soude et mélange jusqu'à dissolution complète.

2 Ajoute quelques gouttes de colorant alimentaire rouge, referme le bouchon et agite pour bien mélanger le tout. Ensuite, ajoute quelques gouttes de liquide vaisselle.

3 Amasse du sable autour de la bouteille pour lui donner l'aspect d'un volcan. À la place, tu peux aussi utiliser une forme en papier mâché.

4 Maintenant, verse du vinaigre dans la bouteille, par le cratère du volcan. Il ne te reste plus qu'à t'asseoir et à contempler l'éruption !

LES VRAIS VOLCANS ne fonctionnent pas de la même manière. Celui que tu as construit entre en éruption parce que le bicarbonate de soude et le vinaigre réagissent entre eux une fois mélangés. Dans la réalité, les éruptions surviennent lorsque la roche souterraine en fusion, appelée magma, remonte vers la surface sous l'effet des pressions énormes qui règnent sous terre.

Des monstres de savon

Il te faut

- Des savonnettes de différentes couleurs
- Une assiette
- Un four à micro-ondes
- Divers objets de récupération ou articles de décoration pour travaux manuels : trombones, yeux artificiels, cure-pipes, anneaux de canettes, etc.

Savais-tu que ton four à micro-ondes peut devenir une **usine à fabriquer des montres**? Suis les instructions que nous te donnons ici pour fabriquer toute une famille de petites créatures monstrueuses.

Une fois le savon refroidi, orne-le de divers objets pour lui donner l'allure de monstres amusants.

Voici ma famille

Place une savonnette sur une assiette. Demande à un adulte de la passer au four à micro-ondes pendant deux minutes à la puissance maximale. Laisse le savon refroidir un peu avant de le sortir du four car il sera très chaud.

CE QUI SE PASSE

Les micro-ondes émises par le four activent les molécules d'eau. Celles-ci s'échauffent alors et, quand elles atteignent le point d'ébullition, se transforment en bulles de vapeur, provoquant l'expansion du morceau de savon.

Ma sœur

Papa

Utilise des savonnettes de différentes couleurs pour créer des familles de monstres multicolores.

Mon frère

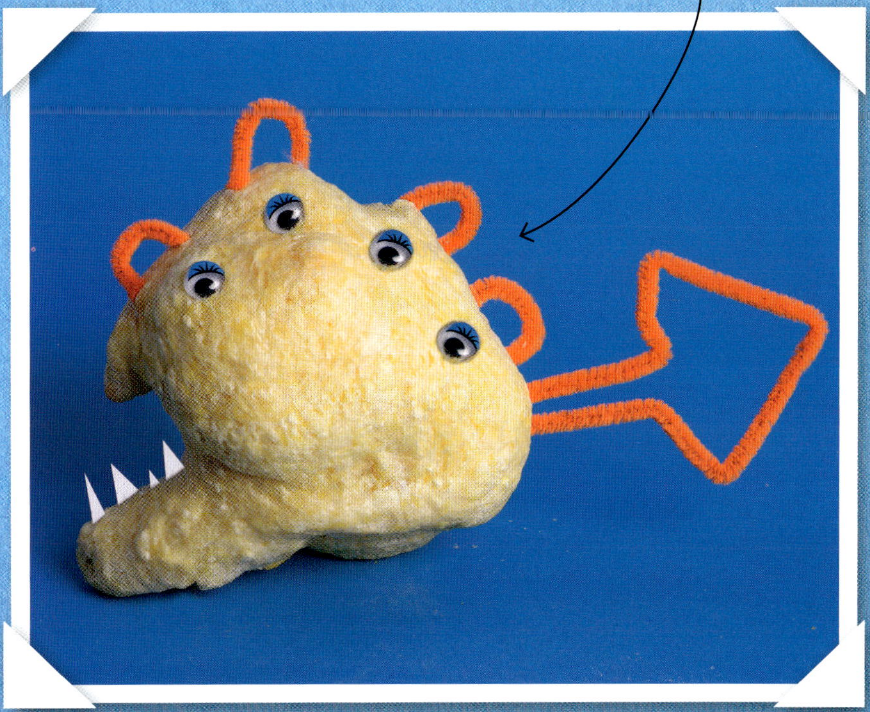

Maman

Une fontaine de soda

Il te faut

- Des bouteilles pleines de diverses boissons gazeuses
- De la carte souple de type bristol
- Un cure-dent
- Des bonbons à la menthe enrobés de sucre

Que se passe-t-il lorsque que tu mélanges un bonbon mentholé avec du soda ? Quelque chose de **très drôle**... et de **très très salissant** ! Mais une chose est sûre : une fois que tu auras effectué cette expérience, tu n'auras plus **jamais** envie d'avaler les deux en même temps !

1 Roule une feuille de carte souple pour former un tube. Insère celui-ci dans le goulot d'une bouteille de soda pleine.

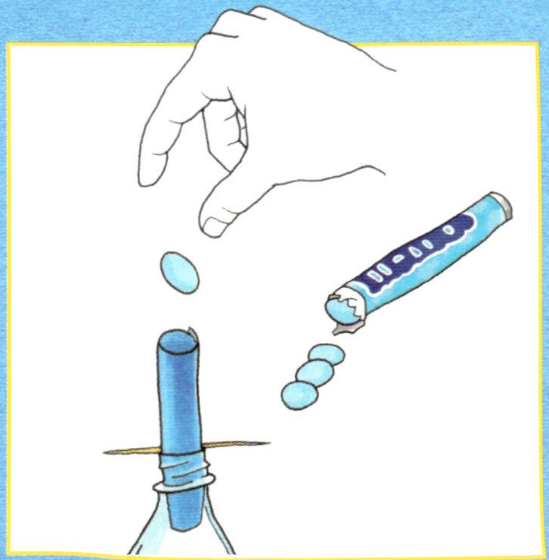

2 Perce de part en part le tube en carte souple avec le cure-dent, de telle sorte que l'ensemble repose sur le goulot de la bouteille. Dépose quelques bonbons à la menthe dans le tube par-dessus le cure-dent.

3 Maintenant, retire le cure-dent afin que les bonbons à la menthe tombent dans la bouteille. Retire rapidement le tube de carte souple, puis recule-toi très vite pour savourer le spectacle. Le soda va jaillir dans les airs !

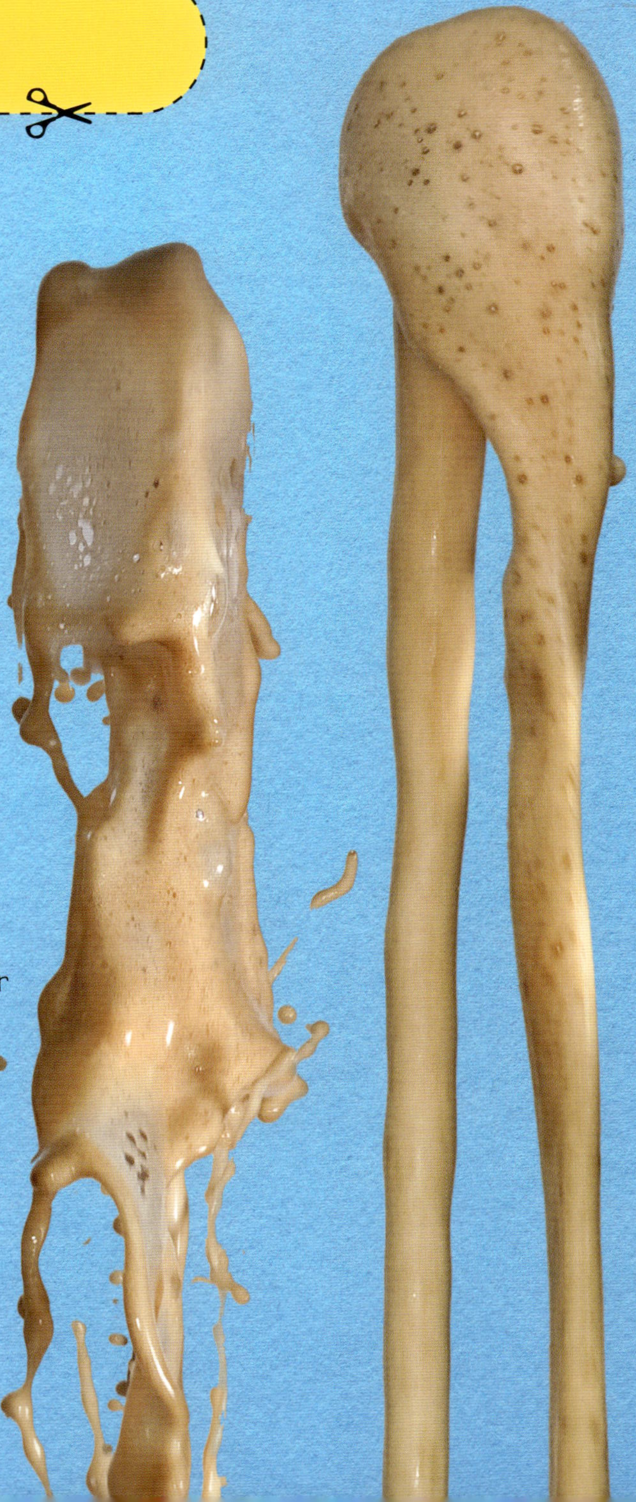

Essaie différents types de boissons gazeuses. Certaines jailliront plus haut que d'autres. Note les résultats de tes expériences pour en garder la trace.

ATTENTION !

C'est une expérience très drôle mais très salissante... et très collante ! Pratique-la toujours dehors et prépare-toi à tout nettoyer après.

Fabrique ton slime

Est-ce **un solide ou un liquide** ? En fait, le slime est les deux à la fois. Précisément, il s'agit d'un fluide non newtonien, c'est-à-dire un matériau qui peut se comporter comme un solide ou comme un liquide selon le type de déformation qu'on lui applique. Fabriques-en et tu pourras le constater par toi-même.

Il te faut

- Une grande tasse
- De la farine de maïs
- Un saladier
- Un verre
- De l'eau
- Du colorant alimentaire

1 Remplis une grande tasse de farine de maïs et transfère-la dans un saladier pour faire le mélange.

2 Verse un demi-verre d'eau sur la farine et mélange bien l'ensemble.

3 Ajoute quelques gouttes de colorant alimentaire et continue de bien mélanger jusqu'à obtenir une substance homogène.

Que peut-on faire avec du slime ?

Essaie d'étirer ton slime ou de le rouler en boule.

UNE MAUVAISE IDÉE

N'essaie pas de manger le slime. Ça n'est absolument pas toxique mais c'est dégoûtant !

Drôle de substance !

Saisis ton slime en main et observe sa consistance. Si tu serres fort la boule dans ta main, elle réagira comme un solide et te semblera dure, mais si tu la tiens mollement, elle te coulera entre les doigts comme un liquide.

En changeant de colorant alimentaire, fabrique du slime de différentes couleurs.

Lance ta bouteille-fusée

Ta cour ne peut sans doute pas rivaliser avec les **pas de tir** du centre **de Kourou**, d'où est lancée **la fusée Ariane**. Mais tu peux utiliser les mêmes principes scientifiques pour faire décoller une fusée plus modeste fabriquée avec une bouteille.

Il te faut

- Une pompe à air actionnée au pied avec un embout à aiguille
- Un bouchon de liège
- Du carton
- Une bouteille en plastique vide
- De l'eau
- Du ruban adhésif

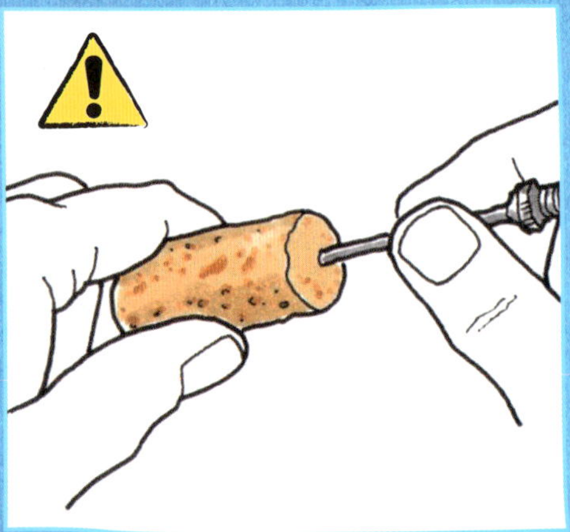

1 Insère l'embout aiguille de ta pompe dans le bouchon de liège en le traversant sur toute sa longueur. Pour cela, tu auras sans doute besoin de l'aide d'un adulte.

2 Dans du carton, découpe des ailerons latéraux pour ta fusée. Retourne la bouteille tête en bas et fixe les ailerons à l'aide de ruban adhésif, en veillant à laisser un dégagement suffisant sous le goulot de la bouteille pour l'embout de la pompe.

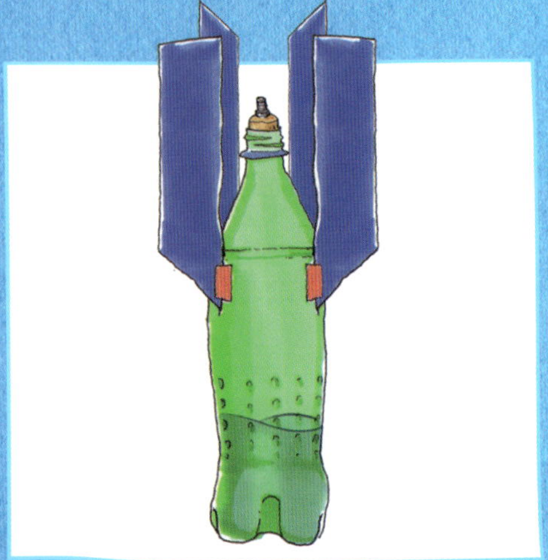

3 Remplis d'eau la bouteille au quart. Insère le bouchon avec l'embout de pompe dans le goulot. Il doit y tenir bien serré. Si ce n'est pas le cas, enroule du ruban adhésif autour du bouchon avant de l'insérer.

4 Pose la bouteille-fusée sur ses ailerons et relie le tuyau de la pompe à l'embout aiguille. Éloigne autant que possible la pompe de la fusée.

5 Maintenant, demande à tout le monde de se tenir à distance et demande à un adulte de pomper pour toi... afin que tu puisses profiter pleinement du spectacle !

ATTENTION !
La bouteille va décoller soudainement en projetant l'eau qu'elle contient. Veille donc à t'en tenir à bonne distance.

Comment ça marche

Lorsque tu pompes, tu envoies de l'air dans la bouteille ; pour preuve, on peut voir les bulles remonter à travers l'eau qu'elle contient. L'air injecté fait augmenter la pression à l'intérieur, jusqu'à ce que celle-ci devienne trop élevée pour le bouchon de liège. Celui-ci est alors brusquement éjecté du goulot, libérant l'eau contenue dans la bouteille et projetant la fusée dans les airs par effet de réaction.

Une chambre noire

La chambre noire, que l'on appelait jadis de son nom latin **camera obscura**, est une boîte qui projette **une image renversée** d'un objet situé devant son objectif. Celui-ci était, à l'origine, un simple trou minuscule. Cet appareil ancien, dont les peintres se servaient déjà à la Renaissance pour composer leurs tableaux, préluda à l'invention, au XIXe siècle, de **l'appareil photographique**. Voici comment fabriquer une telle chambre.

BON À SAVOIR
Ton sujet doit être bien éclairé pour produire une bonne image. Pointe ta chambre noire sur des sujets situés dehors ou proches d'une fenêtre.

Il te faut

- Une boîte cubique de mouchoirs en papier, vide
- Un tube en carton de type rouleau d'aluminium
- Du papier de soie coloré
- Une loupe
- Du ruban adhésif
- Du papier calque

1 Sur la face opposée à l'ouverture de la boîte de mouchoirs, trace un cercle parfaitement centré en suivant le pourtour du tube de carton. Découpe ce trou pour l'évider.

2 Habille la boîte de papier de soie coloré pour t'assurer qu'aucune lumière n'y pénètre par d'autres ouvertures. Fixe la loupe au bout du tube de carton avec du ruban adhésif et insère l'autre extrémité dans le trou de la boîte.

3 Sur la face opposée, élargis l'ouverture d'origine de la boîte de mouchoirs en évidant un grand carré. Pose sur l'ouverture une feuille de papier calque préalablement découpée aux bonnes dimensions et fixe-la avec du ruban adhésif. La feuille de calque doit être bien tendue, bien plane et non froissée.

4 Pointe ta chambre noire sur un objet bien éclairé et fais glisser le tube en carton vers l'avant ou l'arrière, dans le trou, jusqu'à ce qu'une image nette apparaisse sur le papier calque.

Des idées pour s'amuser

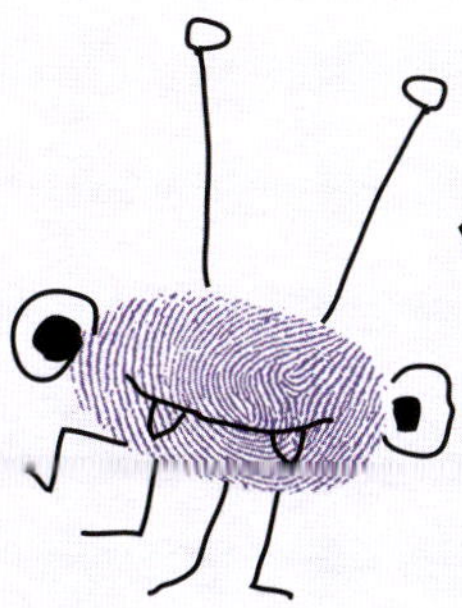

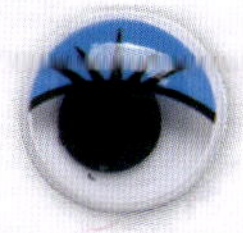

Tu t'ennuies chez toi par un **jour de pluie** ? Tu recherches de nouvelles idées pour t'occuper dehors, ou de **nouveaux tours** à effectuer pour **épater tes copains** ? Ce chapitre te propose plein de jeux et d'activités pour t'amuser toute l'année. Alors qu'attends-tu pour t'y plonger ?

Un désert de l'Ouest

Il te faudra quelques dons de jardinier et un peu d'imagination pour t'évader en recréant ce décor du **grand Ouest américain**, avec ses roches, ses **cactus** et les Indiens qui les peuplaient.

Il te faut

- Un bac à fleurs large et peu profond
- Des graviers et du sable
- Du terreau pour cactées
- Des petites cactées à rempoter
- Des gants
- Quelques figurines d'Indiens

Un cactus géant

Savais-tu que le saguaro, ce cactus géant qui pousse dans les déserts de l'Arizona, aux États-Unis, peut dépasser 20 m de haut?

1 Répands une couche de graviers dans le fond du bac. Recouvre-la d'une couche de 2,5 cm d'épaisseur de terreau pour cactées, en laissant des espaces pour placer les plantes.

2 Dispose les cactées dans le bac (en portant des gants de jardin pour ne pas te piquer) et tasse bien le terreau autour de leurs racines avec une cuillère.

3 Les cactées n'ont pas besoin de beaucoup d'eau, ce qui leur permet de survivre dans les milieux désertiques. Contente-toi d'humecter légèrement le sol de temps en temps.

BON À SAVOIR

Le meilleur emplacement où disposer ton bac de cactées est un endroit à la fois chaud et ombragé.

Complète ton décor avec des cailloux, une piste sableuse et des figurines d'Indiens pour recréer l'atmosphère.

Petit délire digital

Aujourd'hui, il pleut. Tes projets de sortie sont à l'eau et tu t'ennuies à la maison. Mais il existe un bon moyen de **s'évader**. Tout ce dont tu as besoin, c'est de papier, d'encre, de crayons et de tes **dix doigts**. Avec ça, tu vas pouvoir partir vers la campagne, vers la mer ou vers l'espace.

Il te faut

- Un tampon encreur ou de la peinture
- Du papier ou un carnet à dessin
- Des stylos ou des crayons à dessin
- Des accessoires de décoration pour travaux manuels

1 Appuie le bout de ton doigt sur le tampon encreur ou dans de la peinture. Applique-le sur le papier pour marquer ton empreinte digitale. Sers-toi de plusieurs doigts pour laisser des empreintes de différentes tailles.

2 Attends que l'encre ait séché, puis ajoute des détails (des bras, des jambes, des yeux...) pour transformer tes empreintes en personnages. Ajoute aussi des bulles pour les textes.

IMAGINE
Utilise différentes couleurs pour les empreintes. Ajoute des décors. Invente des scènes délirantes et toutes sortes de petits personnages.

Un minigolf à la maison

Le minigolf, c'est super pour s'amuser, mais on ne peut pas y jouer partout. À moins que… Peut-être qu'avec un peu d'**imagination** et quelques talents de **bricoleur**, tu vas pouvoir t'installer un **parcours** à la maison.

Il te faut

- Des tubes en carton (rouleaux de cuisine)
- Des boîtes en carton de rebut (boîtes à chaussures, briques de boisson)
- Un morceau de carton
- Du ruban adhésif
- Une brochette en bois
- Une boîte de conserve
- De la pâte à modeler
- Des clubs et des balles de golf

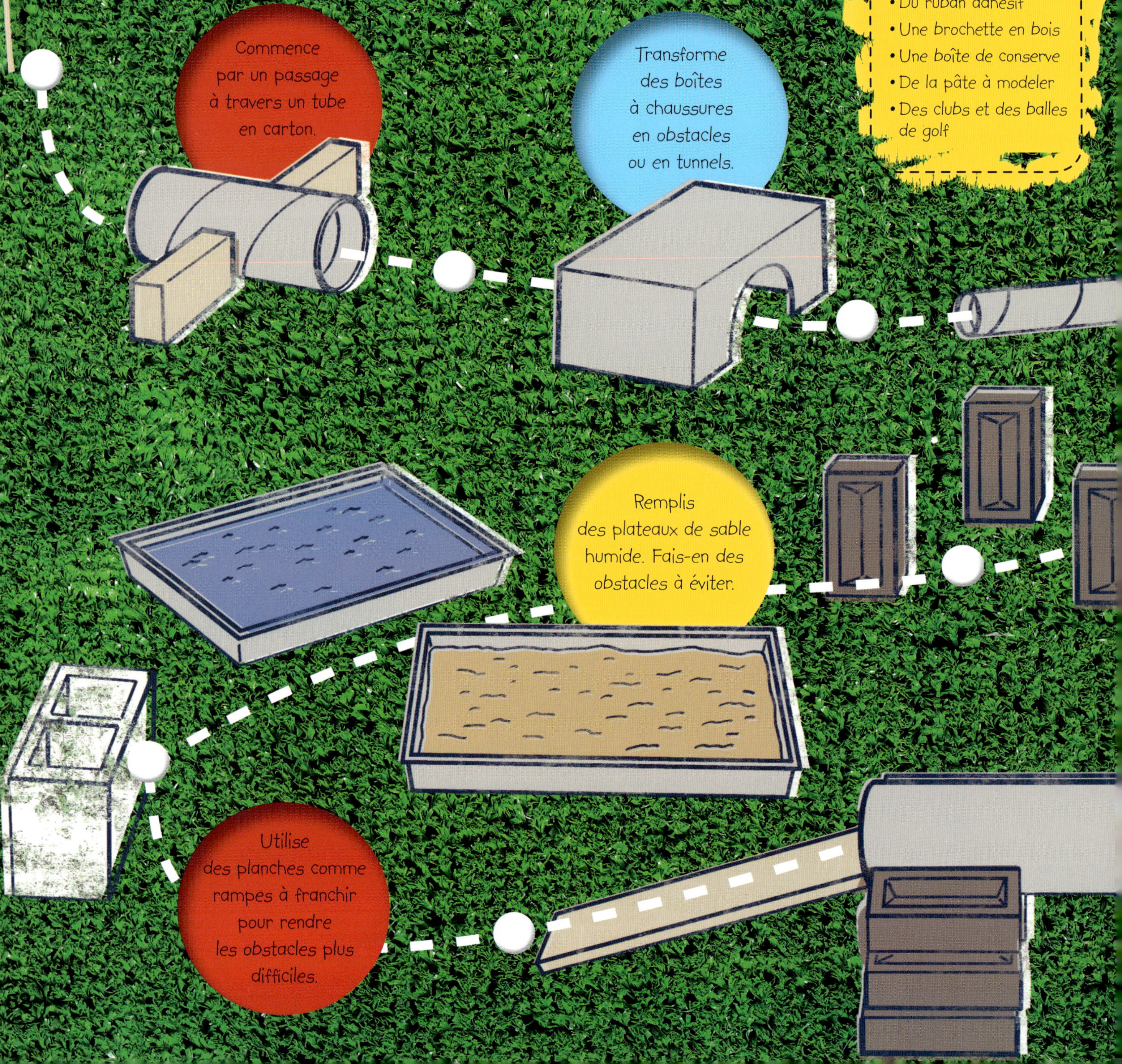

Comment jouer

1. Utilise des briques, du bois, du carton, etc., pour créer un parcours à obstacles. Essaie de rendre chaque passage différent. Tout parcours doit avoir un point de départ et un trou final.

2. Le but du jeu est de mener la balle dans le trou final avec le moins de coups possible. Le gagnant est le joueur qui totalise le nombre de coups dans la balle le plus faible.

Quelques planches peuvent faire d'excellentes parois où faire rebondir la balle.

Assemble plusieurs tubes en carton pour faire un long tunnel.

Aligne des briques et fais slalomer la balle entre elles.

Dispose l'obstacle le plus difficile à franchir en fin de parcours.

Au trou en 3 coups

Qu'il soit à l'extérieur ou à l'intérieur, aucun parcours de golf n'est complet sans son trou final. Voici comment fabriquer le tien.

1 Découpe un morceau de carton en triangle et fixe-le sur une brochette en bois ou un bâton de bambou avec du ruban adhésif.

2 Habille une boîte de conserve avec le matériau de ton choix : faux gazon, papier d'emballage ou papier journal. Attention à ne pas te blesser sur les bords coupants.

3 Fixe le drapeau à l'arrière du trou. Place au sol un support en pâte à modeler pour maintenir la boîte de conserve en place.

Pour tromper les papilles

Sais-tu qu'en mélangeant des **substances chimiques** bien choisies, il est très facile de tromper notre sens du goût ? Ainsi, ce délicieux **pâté aux pommes** est **dépourvu de... pommes** ! Prépare-le pour tes copains et vois s'ils parviennent à faire la différence.

Il te faut

- Une pâte brisée du commerce (ou préalablement préparée)
- 600 g de petits gâteaux au beurre réduits en miettes
- 240 ml d'eau
- 400 g de sucre
- 2 cuillérées à café de crème de tartre*
- Un zeste de citron
- 2 cuillérées à soupe de jus de citron
- 2 cuillérées à soupe de beurre
- Une demi-cuillérée à café de cannelle moulue

* La crème de tartre, aussi appelée bitartrate de potassium, est un sel de potassium et d'acide tartrique présent naturellement dans le raisin. Elle est utilisée comme additif alimentaire sous le nom de E336, et sert, par exemple, pour stabiliser les œufs en neige. On peut se la procurer par un achat sur Internet.

1 Étale au rouleau la moitié de la pâte et dispose-la dans un moule beurré. Pour la garniture, répartis uniformément les miettes de petits gâteaux au beurre.

2 Fais chauffer l'eau, le sucre et la crème de tartre dans une casserole. Laisse frémir le mélange pendant 15 minutes, puis ajoute le zeste et le jus de citron, et la cannelle. Laisse refroidir.

3 Verse le sirop refroidi sur la garniture et ajoute quelques morceaux de beurre. Demande à un adulte de préchauffer le four à 220 °C (thermostat 7).

4 Étale le reste de la pâte et recouvres-en le pâté. S'il t'en reste encore, prépare quelques décorations et dispose-les. Mets le pâté au four pendant 30 minutes, jusqu'à ce qu'il soit bien doré.

Pomme ou oignon ?

Pèle un gros oignon et respire une grande bouffée de son odeur. Immédiatement, prends une bouchée de pomme. Celle-ci va avoir goût d'oignon parce que nos sens du goût et de l'odorat fonctionnent en étroite interaction !

Incroyable!

Ta pâtisserie, qui ne contient aucune pomme, a le goût d'un pâté aux pommes.

Mais comment ça marche ?

Lorsque nous mangeons de la pomme, nos papilles détectent une combinaison particulière de molécules présentes dans le fruit.

L'explication

Lors de la cuisson, les ingrédients utilisés dans cette préparation se combinent en un mélange de molécules similaires à celles d'un vrai pâté aux pommes.

Fabrique un plateau de jeu

Marre du Monopoly, du Cluedo et autre Trivial Pursuit? Il est peut-être temps d'**inventer ton propre jeu**. Tu n'as pas besoin de grand chose pour cela — juste des crayons de couleur, du carton, des dés et, surtout, des copains pour faire des parties avec toi.

Départ

La première chose à faire, c'est de déterminer le thème directeur de ton jeu. Ça peut être tout ce que tu veux. La seule limite, c'est ton imagination.

Pour fabriquer ton plateau de jeu, trace un quadrillage sur une feuille de carton à l'aide d'une règle. Remplis-les de dessins en rapport avec le thème choisi.

Tu manques d'idées pour le thème? Je te propose : « L'invasion d'extraterrestres ».

Numérote chaque case en partant de la case départ jusqu'à celle d'arrivée.

Fabrique, dans du carton, des pions ayant des formes en rapport avec le thème du jeu.

Le vainqueur gagne une barre de chocolat !

Recule de 3 cases

Fais un tour d'esssssai pour t'asssssurer que ton jeu fonctionne.

Remplis les cases de règles telles que « avance de 2 cases » ou bien «passe un tour». C'est ton jeu, alors sois inventif et original !

Passe ton tour

Lance les dés et avance du nombre de cases qu'ils indiquent. Le gagnant est le premier à atteindre l'arrivée !

Arrivée

Improvise-toi détective

Il n'existe pas deux personnes possédant les mêmes **empreintes digitales**. C'est donc pour la police un moyen imparable d'identification. Saurais-tu, toi aussi, dire lequel de tes copains a touché quel objet ?

Il te faut

- Un tampon encreur
- Un carnet de notes ou du papier
- Du cacao en poudre
- Un pinceau
- Du ruban adhésif transparent
- Des feuilles de carte de type bristol

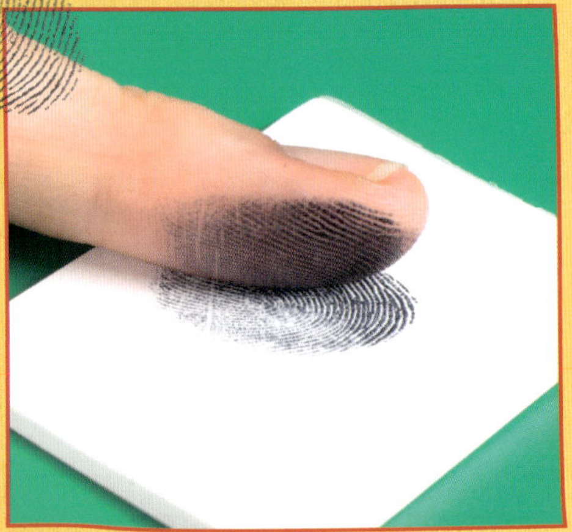

1 Avec un tampon encreur, relève sur papier les empreintes digitales de chacun de tes copains « suspects ». Note le nom de celui à qui appartient chaque empreinte.

2 Envoie tes copains dans la cuisine et demande-leur de toucher chacun un *seul* objet. Tu vas maintenant essayer de retrouver leurs empreintes.

3 Plonge ton pinceau dans du cacao en poudre, tapote-le pour en faire tomber l'excès, et applique cette poudre sur toutes les surfaces que tu crois susceptibles de porter des empreintes.

4 Dès que tu trouves une bonne empreinte, applique dessus un morceau de ruban adhésif, puis décolle-le d'un geste doux et régulier. Colle-le ensuite sur une carte de bristol.

5 Compare l'empreinte trouvée avec celles de ton fichier d'identification constitué au début. Y en a-t-il une qui corresponde ? Si c'est le cas, tu peux dire qui a touché quoi.

ÇA VAUT MIEUX !
Après, pense à faire le ménage dans la cuisine et veille à ce que tout le monde se lave les mains.

Les minuscules crêtes de la peau du bout des doigts contribuent à la détection de la texture des surfaces que l'on touche.

Les types d'empreintes

Il existe quatre grands types de structures d'empreintes digitales : les boucles, les tourbillons, les arches et les empreintes composites. Les boucles sont les plus communes, les arches les plus rares.

Les empreintes que nous laissons sur les objets sont dues aux sécrétions grasses de la peau.

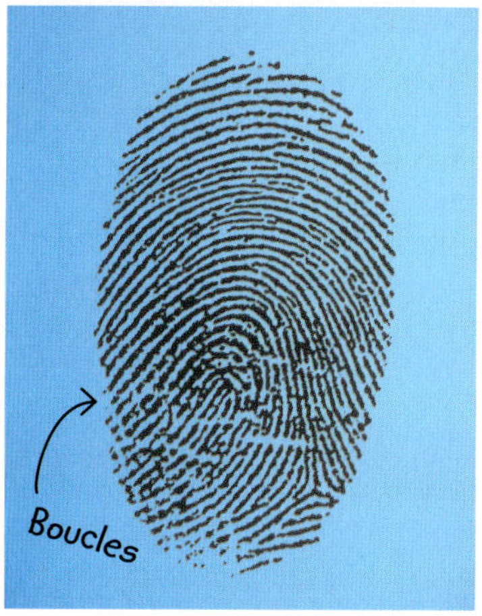

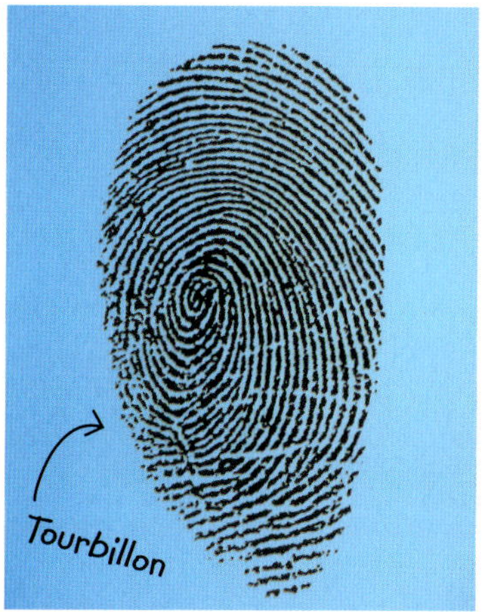

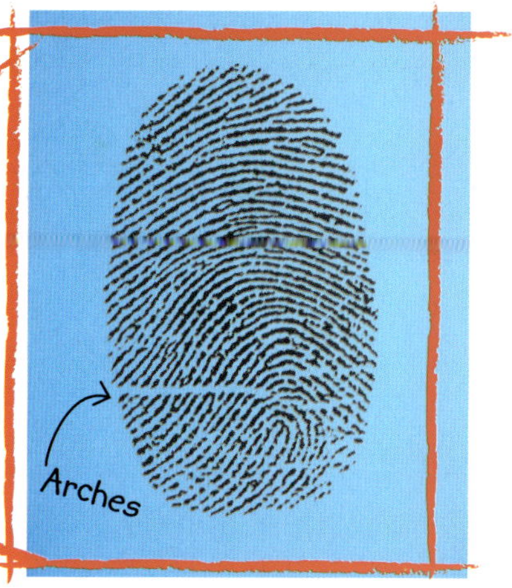

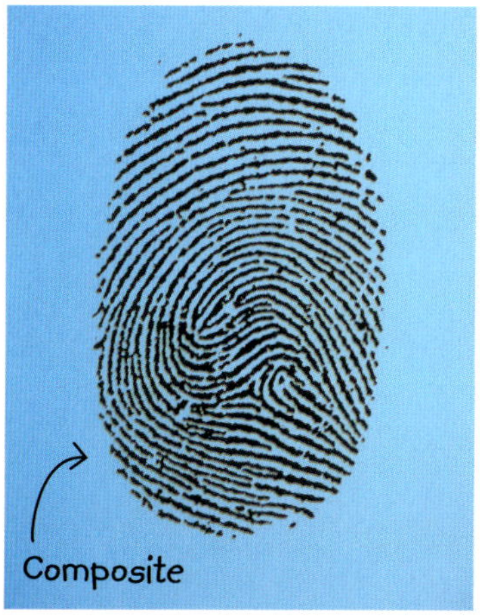

Deviens magicien

Chacun devrait avoir plus d'un tour dans son sac. Si tu veux devenir un **maître de l'illusion**, commence par ces deux tours faciles à réaliser.

Il te faut

- Une petite pièce de monnaie et deux grandes
- Un jeu de cartes

Une pièce en deux

Fais croire à ton public que tu as transformé *sous ses yeux* une *seule* pièce de monnaie en deux nouvelles pièces. Ah, si *seulement* c'était possible !

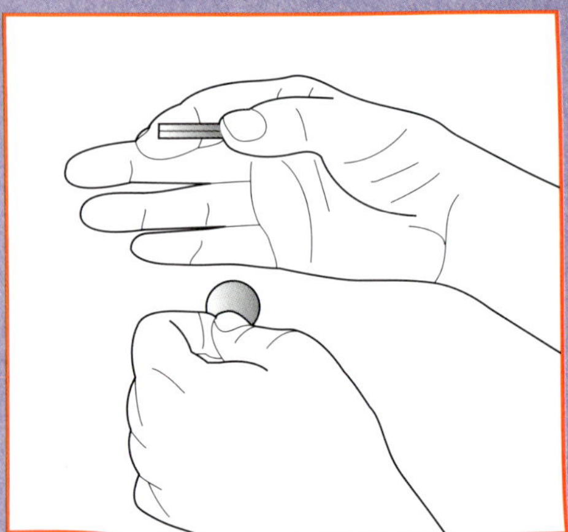

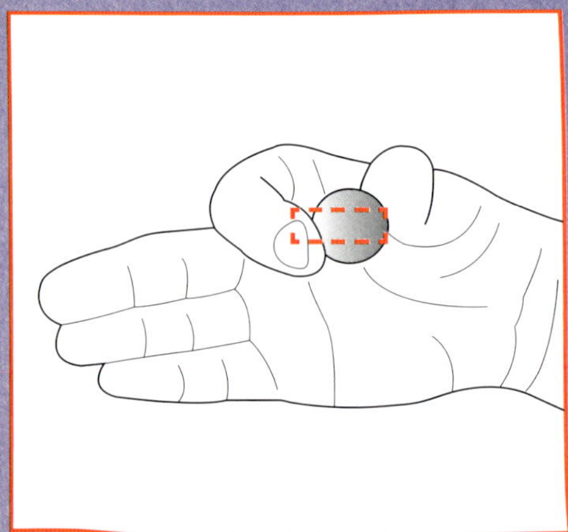

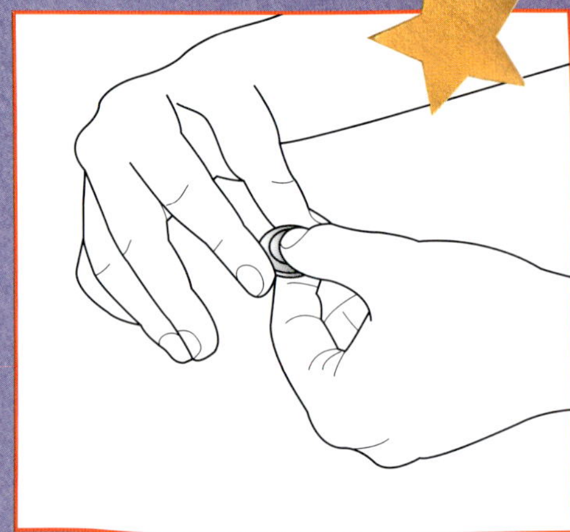

1 Place les deux grandes pièces identiques l'une sur l'autre à l'horizontale entre ton pouce et ton index. Tiens la petite pièce dans ton autre main.

2 Dispose la petite pièce verticalement entre ton pouce et ton index de sorte qu'elle cache les deux grandes pièces. Il s'agit du point de départ du tour.

3 Présente la petite pièce ainsi tenue à ton public. Rapproche tes deux mains et sers-toi de ton pouce pour faire glisser la petite pièce par-dessus les deux grandes.

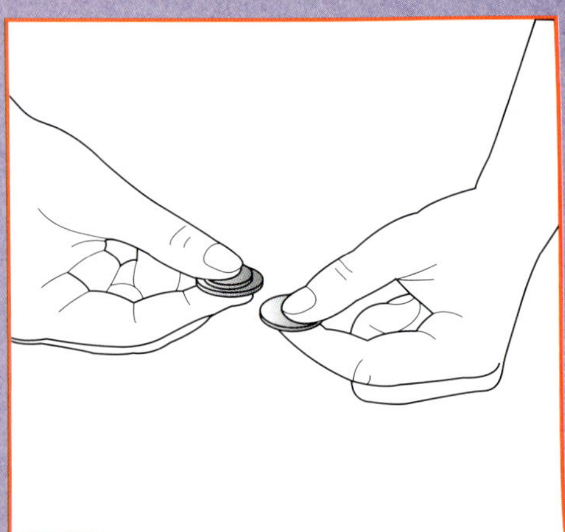

Effectue le tour rapidement et avec dextérité afin que le public n'ait pas le temps de voir les pièces cachées.

4 Sépare rapidement les pièces de façon à tenir une grande pièce dans une main, et l'autre grande pièce avec la petite par-dessus dans l'autre.

5 Redresse tes mains face au public. La petite pièce qui était au-dessus de la grande, se trouvera cachée derrière. Seules les grandes pièces seront visibles.

La magie des cartes

Trompe tes copains en leur faisant croire que c'est eux qui choisissent. En réalité, c'est toi qui mène le jeu de bout en bout !

PRATIQUE
Entraîne-toi souvent devant un miroir. C'est avec la pratique que tu acquerras la confiance en toi nécessaire pour réussir tes tours.

1 Avant de commencer, choisis une carte comme l'as de cœur et place-la sur le dessus du jeu. Écris son nom sur un morceau de papier que tu mettras dans ta poche.

2 Prends le jeu et fais glisser de ton pouce les quatre cartes supérieures vers ton autre main. L'as s'y trouvera en dessous. Sépare ces cartes du reste du jeu en glissant un doigt entre les deux.

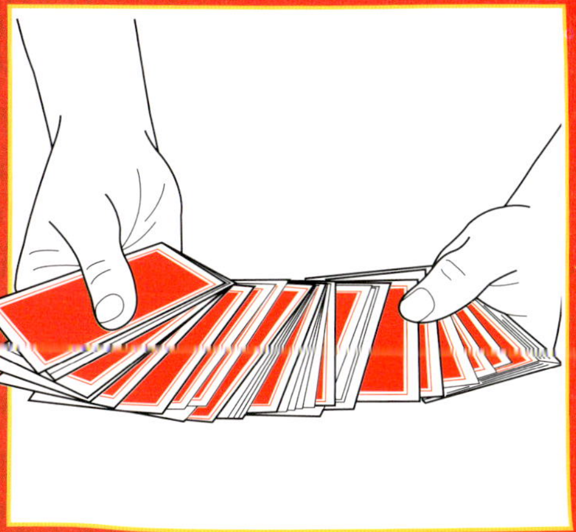

3 Étale les autres cartes par dessus et demande à quelqu'un de désigner une carte. Coupe le jeu à cet endroit et glisse dessous les quatre cartes cachées.

4 Rassemble le jeu et présente la carte du dessous à ton public. Ce sera la carte que tu y auras placée et non celle désignée par le spectateur.

5 Plonge ta main dans ta poche et sors-en le morceau de papier sur lequel tu as écris le nom de la carte. Présente-la au public qui croira que tu as des dons de double vue.

L'art de détourner l'attention

Le secret d'un tour de magie réussi tient dans la confiance que le magicien a en lui, dans la précision de ses gestes et dans ses talents d'homme de spectacle. Il doit être distrayant par ses paroles et ses attitudes afin d'occuper et détourner l'attention du public de ses mains.

La sculpture de ballons

Ces **artistes** qui sculptent des ballons pour leur donner mille formes te font rêver ? C'est **plus facile à faire qu'il n'y paraît**. Alors, achète des ballons spécialement fabriqués pour cet usage et **lance toi** ! Voici quelques modèles à réaliser pour commencer.

Il te faut

- Des ballons de baudruche à modeler et une pompe

Une épée

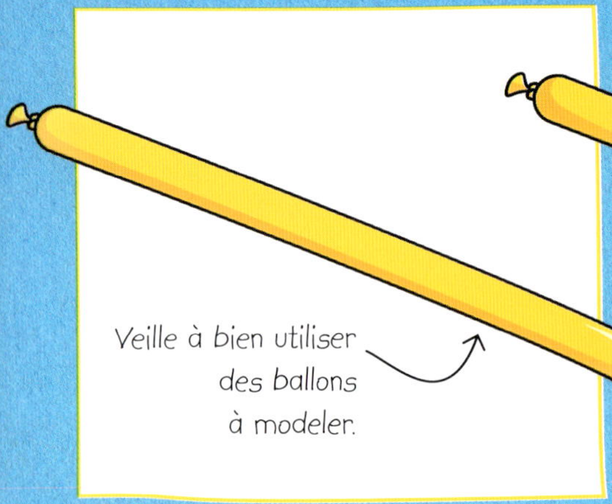

1 Gonfle un ballon en laissant 3 cm non gonflés à l'extrémité. Cette réserve empêchera le ballon d'éclater lorsque tu le tordras.

2 Torsade le ballon à environ 12 cm du nœud. Fais plusieurs tours afin que la torsade ne se défasse pas lorsque tu relâcheras le ballon.

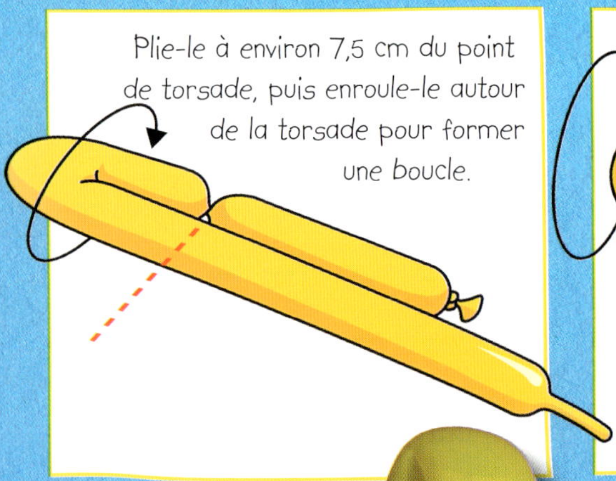

3 Plie le ballon dans sa partie longue.

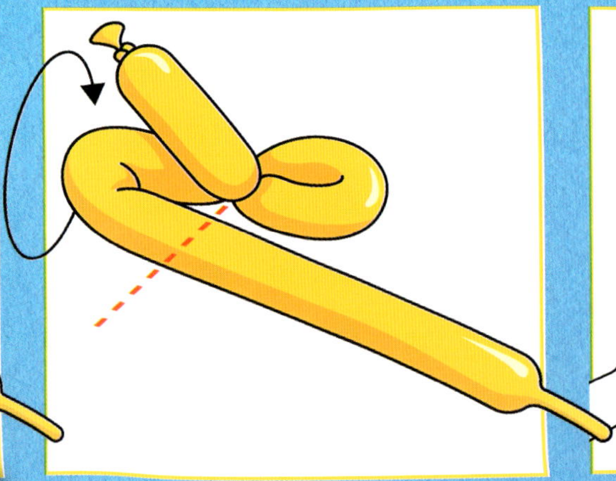

4 Plie encore le ballon à 7,5 cm de la boucle, rabats-le et fais à nouveau le tour du point de torsade pour former une seconde boucle.

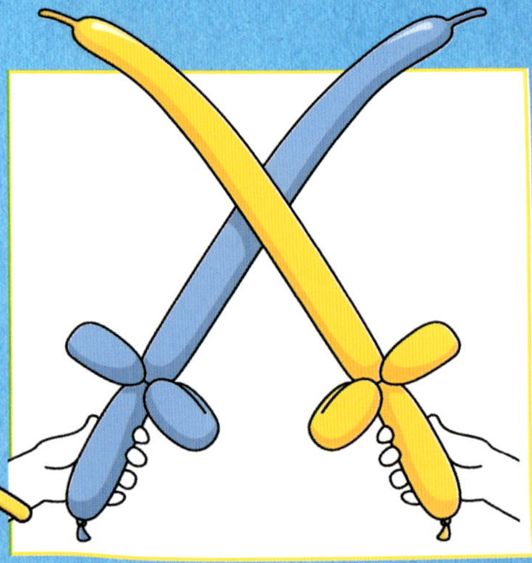

5 Ajuste ta sculpture afin que l'épée soit bien droite, la poignée bien en ligne avec la lame. Tu n'as plus qu'à en découdre avec des copains pareillement armés !

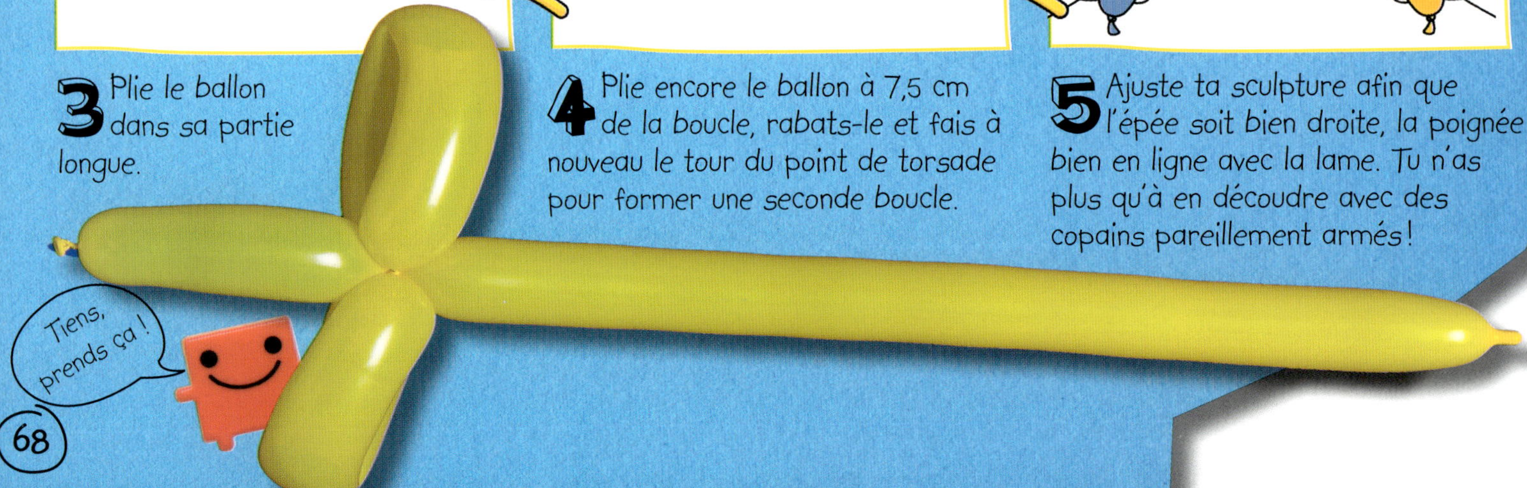

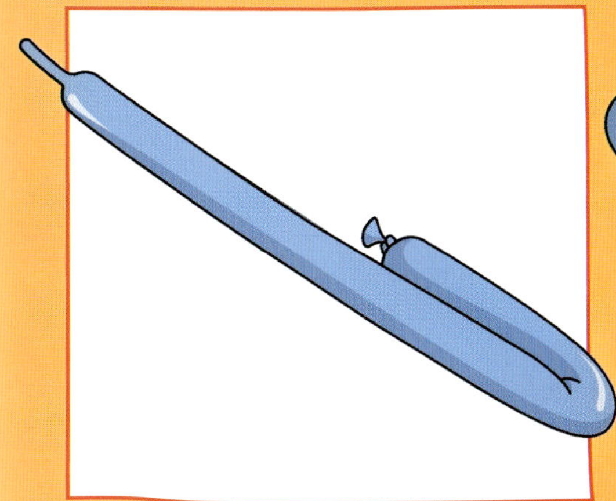

1 Gonfle un ballon en laissant 10 cm de longueur non gonflée à l'extrémité. Plie-le en le rabattant complètement à environ 20 cm du nœud.

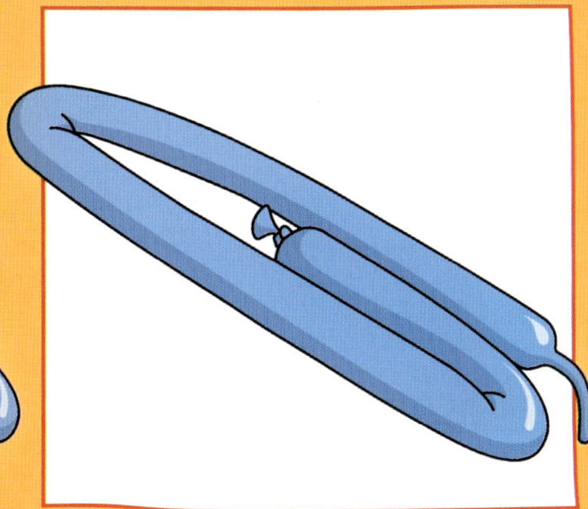

2 Plie-le à nouveau en amenant l'extrémité au niveau du premier pli. La forme du ballon doit alors évoquer un peu celle d'un trombone.

3 Autour du nœud de fermeture, torsade le ballon de façon à former trois parties : deux boucles égales et un long col dressé, comme illustré ci-dessus.

Un Cygne

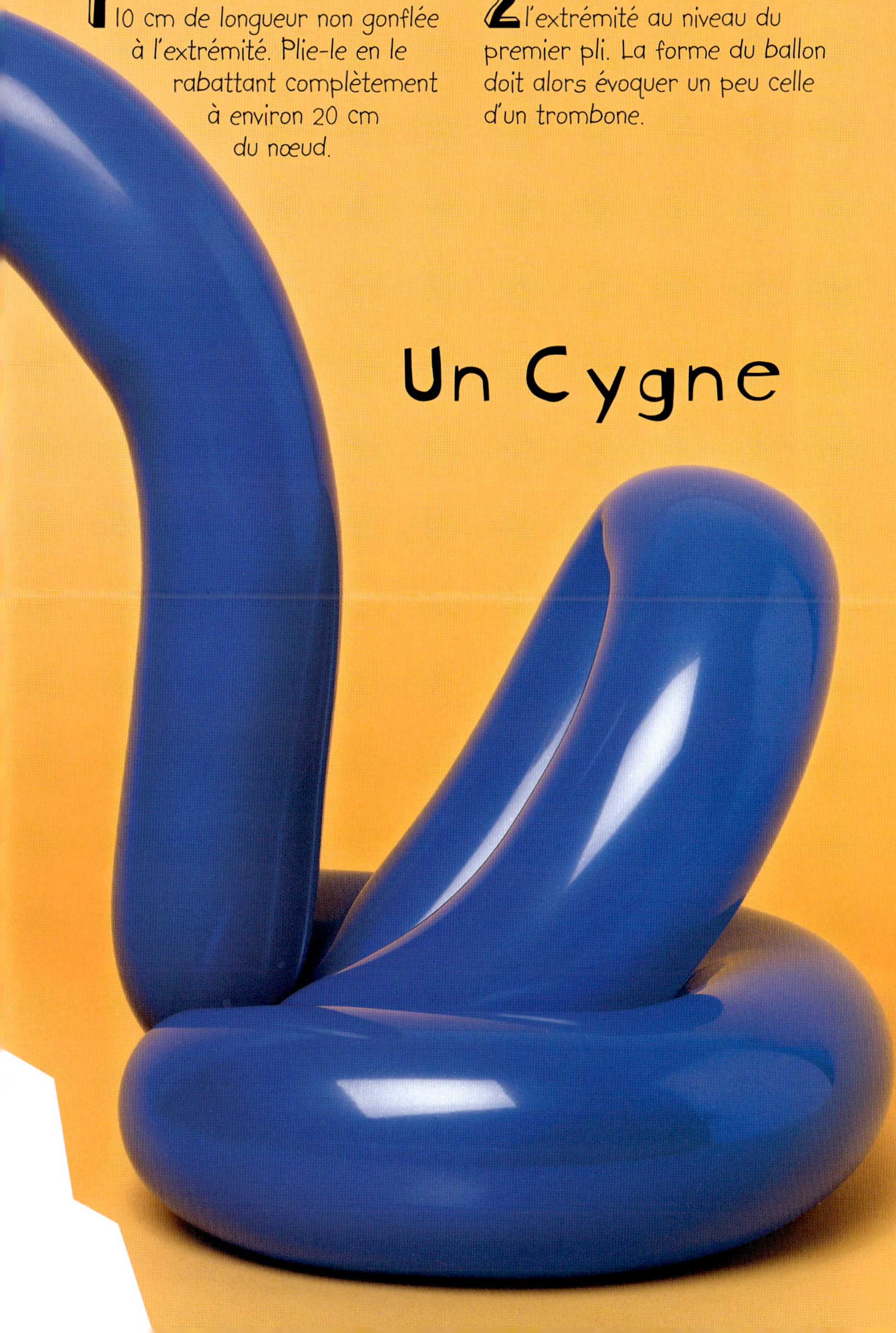

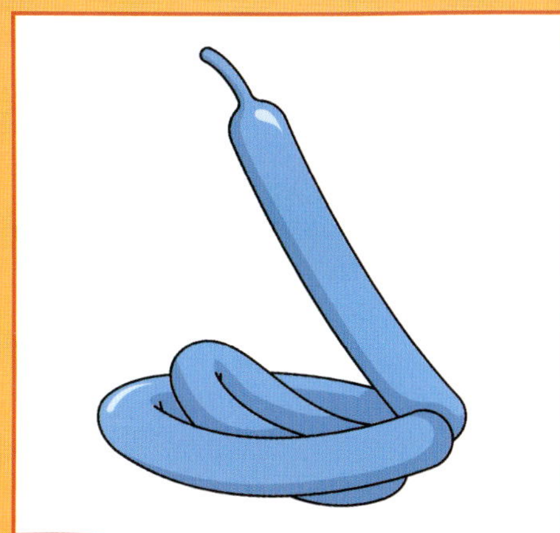

4 Ramène l'une des boucles par dessous à l'intérieur de l'autre et fais-la ressortir par-dessus pour former le corps. Le reste formera le cou et la tête.

5 Modèle cette partie en « col de cygne », comme sur l'illustration. Pour cela, tiens le col fermement, arque-le et serre-le avant de lâcher. Il devrait tenir en place.

Un toutou gonflable

Une fois que tes talents de **sculpteur de ballons** se seront affinés, tu prendras de plus en plus de plaisir à transformer ces morceaux de caoutchouc (voir p. 68-69). Et tu pourras t'attaquer à des **réalisations plus complexes** comme ce chien aux airs de caniche bien toiletté. Un chien, soit ; mais ça peut aussi bien devenir une girafe ou n'importe quoi d'autre. C'est toi qui décides !

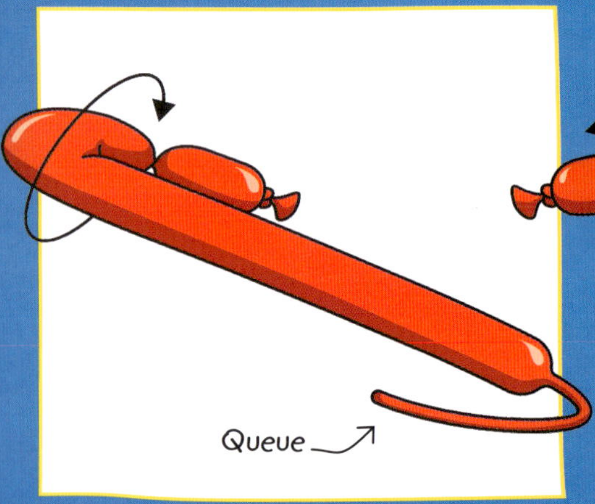

1 Gonfle un ballon en laissant au bout une queue non gonflée de 18 cm. Pour le museau, forme une bulle d'environ 5 cm à partir du nœud. Plie le ballon 5 cm plus loin.

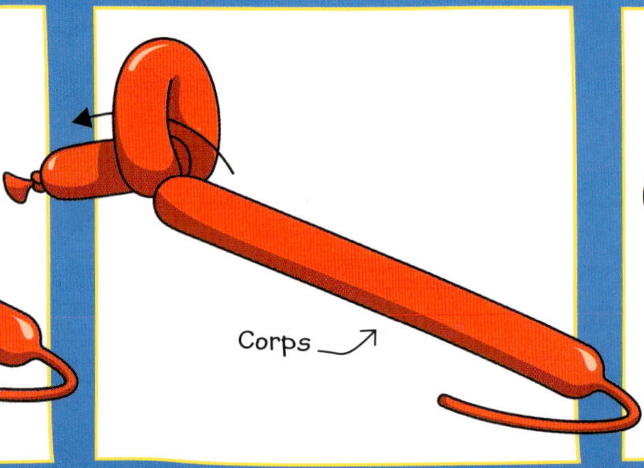

2 Tords le ballon autour de la première torsade, formant ainsi une boucle, puis ramène le museau (la bulle avec le nœud) à travers.

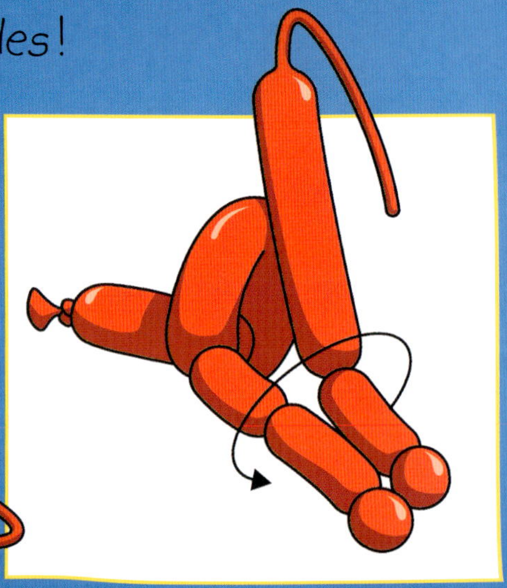

3 Laisse un espace, puis forme une bulle de 7 cm de long, suivie de deux bulles de 2,5 cm, puis une autre bulle de 7 cm. Torsade la dernière dans la première. Ces quatre bulles formeront les pattes de devant.

4 Laisse un espace d'environ 7 cm de long pour le corps, puis répète les opérations décrites à l'étape 3 pour former les pattes de derrière.

5 Dispose chaque partie du corps dans la bonne position, puis compresse un peu la queue afin qu'une partie de l'air forme une bulle à l'extrémité.

UN BON CONSEIL

Réaliser ce genre de modèle peut être difficile au début, alors entraîne-toi beaucoup avant de l'effectuer devant un public !

Imagine comment adapter les opérations pour fabriquer une girafe. Ça n'est pas très différent.

L'art du jonglage

Apprendre à jongler est à la portée de tout le monde. Cela demande juste de l'entraînement et de la pratique. Commence avec **une seule balle, puis deux**... Bientôt, ce sont **trois balles** ou même plus que tu enverras dans les airs !

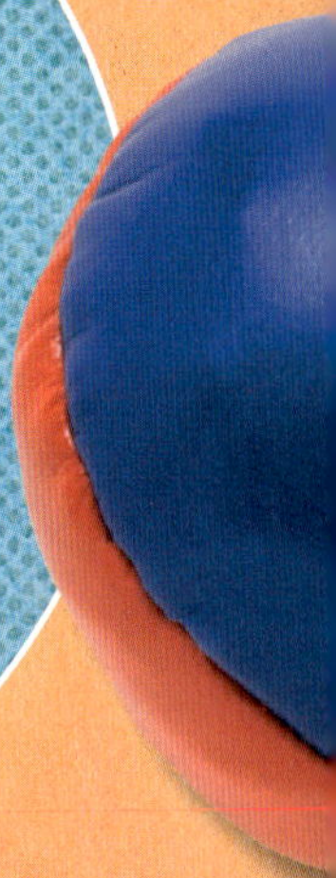

Commence modestement.

1 Commence avec une seule balle. Lance-la d'une main vers l'autre dans un mouvement arrondi, sans lancer trop haut au début. Tu dois faire en sorte que la hauteur atteinte par la balle soit la même à chaque lancer. Maintenant entraîne-toi.

2 Une fois que tu sauras effectuer l'exercice de l'étape 1 parfaitement et sans regarder, ajoute une seconde balle. Celle-ci doit être lancée au moment où la première se trouve au sommet de sa trajectoire, en lui faisant décrire le même mouvement.

Fabrique tes balles de jonglage

Remplis de riz la pointe d'une vieille chaussette. Ferme-la en faisant un nœud bien serré et coupe la longueur de chaussette en excès avec une paire de ciseaux.

LE SECRET

La maîtrise vient avec la pratique ! Il te faudra certainement du temps pour acquérir la technique, alors entraîne-toi souvent.

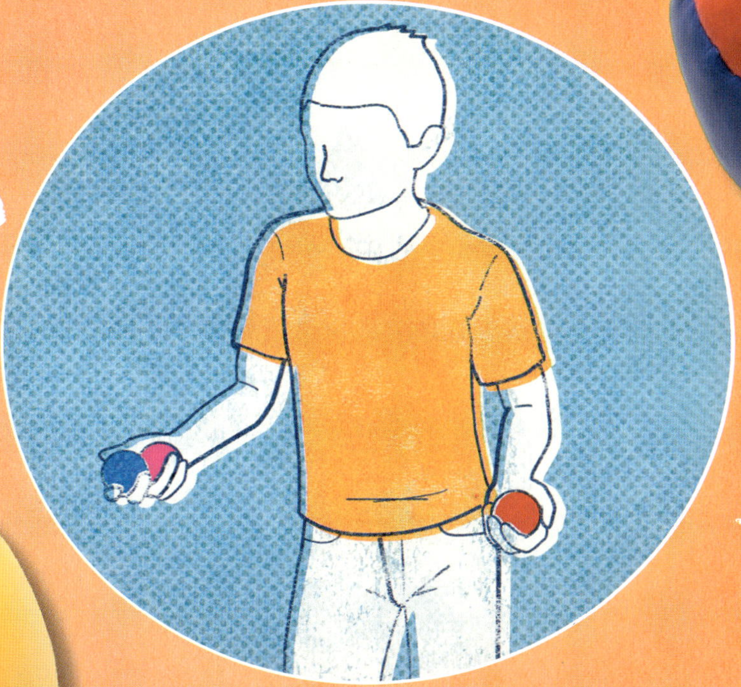

3 Pratique l'exercice de façon répétée jusqu'à ce que tu maîtrises parfaitement le mouvement. Il sera alors temps d'introduire la troisième balle. Pour démarrer, tiens deux balles dans une main et la troisième dans l'autre.

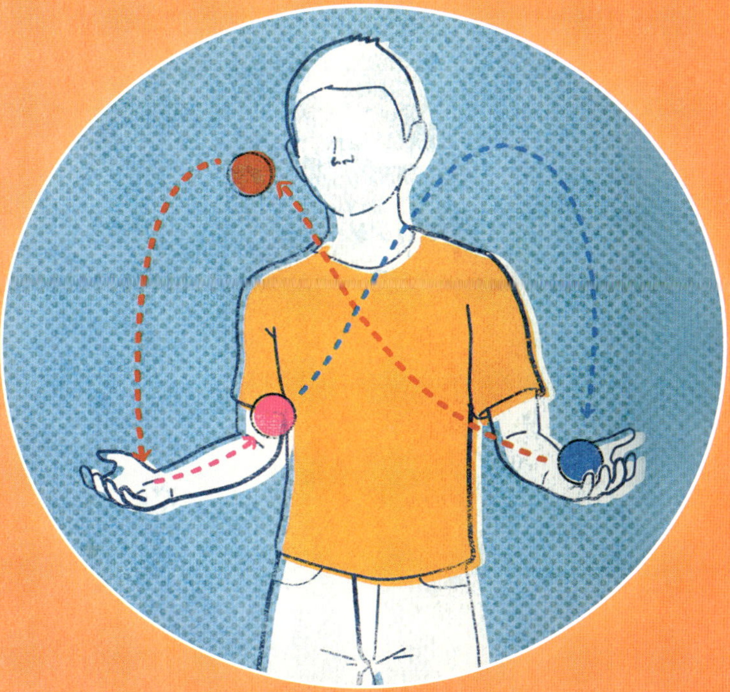

Une fois que tu auras bien pris le coup, essaie de jongler avec autre chose que des balles. Évite tout de même les couteaux et objets du même genre !

Avec des œufs, ce n'est pas dangereux. Mais il sera peut-être plus judicieux de t'entraîner dehors !

4 La main qui tient les deux balles lance en premier. Lorsque la deuxième balle atteint le sommet de sa trajectoire, lance la troisième balle. Normalement, si tu as bien effectué l'enchaînement des mouvements, la première balle devrait retomber peu après dans la main que tu viens de libérer. Il ne te reste plus qu'à continuer de t'entraîner, encore et encore.

La panoplie de l'espion

Tu rêves d'être le prochain **James Bond** ? De disposer de **gadgets** incroyables ? De devenir un maître du **déguisement** ? Voici quelques bases pour devenir un **apprenti espion**.

Il te faut

- Du bicarbonate de sodium
- de l'eau
- Un bol
- Un coton-tige
- Du papier

Le journal percé

Lorsque tu effectues une filature, tu peux avoir besoin de te dissimuler tout en restant visible. En découpant des trous pour les yeux dans un journal, tu pourras surveiller une personne sans que celle-ci t'identifie.

Les déguisements

Lorsqu'un espion est démasqué, sa mission échoue généralement. C'est pourquoi un bon espion doit devenir un maître du déguisement. Expérimente des façons de te faufiler sans te faire remarquer ou de te grimer pour changer d'aspect. Voici quelques suggestions d'accessoires qui t'y aideront :

Pour se fondre dans le décor

Un déguisement doit te permettre de te mêler à la foule, et non de t'y faire remarquer. Tout accessoire inhabituel te rendra suspect aux yeux des autres.

À VOIR AUSSI

Tu recherches d'autres accessoires d'espion : va voir le périscope (p. 10-11) et le livre aux secrets (p. 20-21).

Dans le secret de l'encre invisible

Tu pourras faire passer un message secret à un ami en utilisant cette encre invisible. Ici, nous avons reproduit un dessin, mais tu peux transmettre ce que tu veux : des plans, des textes, etc.

1 Dans un bol, verse en volumes égaux du bicarbonate de sodium et de l'eau ; mélange bien. Il n'y a pas besoin d'en préparer beaucoup. Le bicarbonate ne se dissoudra pas complètement, mais cela n'a pas d'importance.

2 Plonge un coton-tige dans le mélange et sers-t'en pour écrire sur le papier. Laisse sécher et fais passer le papier discrètement à un agent allié. Veille à ne pas te faire repérer !

3 Ton allié n'aura qu'à projeter de l'air chaud sur le message à l'aide d'un sèche-cheveux et le message caché apparaîtra !

La brigade des farceurs

Si tu recherches un bon moyen de faire des blagues à des copains ou aux gens de ta famille, pourquoi n'essaierais-tu pas **une bonne farce** ? Mais sache qu'il faut être prêt à accepter d'en faire aussi les frais lorsque **tes victimes** chercheront à **se venger** !

Il te faut

- Une bouteille en plastique
- Un marqueur
- Des aiguilles

La douche surprise

1 Remplis d'eau une bouteille en plastique et ferme bien le bouchon. Écris : « **Ne pas ouvrir** », sur son étiquette.

2 Perce soigneusement quelques petits trous dans les côtés de la bouteille à l'aide d'une aiguille. Si le bouchon est bien fermé, aucune eau ne devrait en sortir. Dispose la bouteille à un endroit où elle sera bien en vue.

3 Normalement, la curiosité devrait finir par s'emparer de quelqu'un qui, voyant la bouteille, en ouvrira le bouchon. À ce moment-là, l'eau jaillira par les trous et l'aspergera.

Comment ça marche

Cette farce fonctionne grâce à un effet de la pression atmosphérique. Lorsque le bouchon de la bouteille est fermé de façon bien hermétique, la pression de l'air sur l'extérieur de la bouteille suffit à empêcher l'eau de passer par les tout petits trous pratiqués. Mais lorsque l'on enlève le bouchon, la pression de l'air s'applique subitement sur la surface de l'eau dans la bouteille, appuyant dessus et forçant le liquide à s'échapper par les trous.

Le coup du savon

Prends une savonnette en enduis-la de vernis à ongles transparent. Laisse-la bien sécher, puis place-la sur le bord d'un lavabo. Le vernis à ongles empêchera le savon de mousser, mais personne ne comprendra pourquoi !

Un festin de mouches

Pour cette farce, tu auras besoin d'un complice : un adulte à qui tu demanderas de t'acheter une tapette à mouches toute neuve (n'en utilise pas une ayant déjà servi !). Écrase dessus quelques raisins secs et recherche une victime. Montre-lui alors ta tapette et dis-lui : « Regarde ». Entreprends alors de lécher consciencieusement les restes de raisins pris dans la tapette. Tu risques de bien rigoler devant le regard horrifié de ta victime qui croira que tu manges des mouches.

La pièce farceuse

Fixe du fil de nylon invisible avec du ruban adhésif sur une pièce de monnaie, puis dispose-la bien en vue sur le sol. Cache-toi à proximité et, quand quelqu'un se penchera pour ramasser la pièce, tire sur le fil au dernier moment.

Un sel au goût de sucre

Voici une blague à faire à table en famille. Il te suffit de remplacer le sel de la salière par du sucre. Essaie de ne pas rire lorsque chacun se demandera pourquoi sa nourriture a un goût bizarre. Un petit conseil toutefois : assure-toi que tes parents sauront apprécier ton sens de l'humour. Évite ce genre de farce le jour où ils ont passé du temps à préparer un super-repas.

Le jeu des erreurs

Es-tu **observateur** ? Regarde les images sur ces deux pages et compare-les. Au premier abord, elles paraissent semblables. Mais regardes-y de plus près : **six différences** distinguent les images de droite de celles de gauche.

Sauras-tu les retrouver ?

Les réponses :

Pour les lire, retourne le livre.

1. Les grenouilles présentent des nuances de vert différentes.
2. L'un des petits personnages carrés bleus est à l'envers.
3. L'un des robots est violet, l'autre bleu.
4. L'homme en pain d'épice n'a pas le même nombre de boutons.
5. Le heaume du deuxième chevalier n'a pas de fente pour les yeux.
6. La gelée ne présente pas le même nombre de bosses.

Fabrique un livre animé

Improvise-toi **réalisateur de dessins animés**. Imagine une petite scène mouvante et, sur chaque page d'un carnet de notes, reproduis-en chaque étape sous la forme d'un dessin qui se modifie un petit peu à chaque fois. Maintenant, fais défiler les pages sous tes doigts : tu vas voir la scène prendre vie sous tes yeux, comme un film.

1 Décide de la scène que tu veux animer. Ça peut être tout ce que tu veux, mais fais simple pour commencer. Sur la dernière page, esquisse au crayon le dessin qui sera celui de la fin de ta scène.

2 En remontant d'une page à chaque fois, dessine les autres étapes décomposant l'animation. Certaines parties du dessin ne changeront pas. D'autres, où se situe l'animation, se modifieront un peu à chaque page.

3 De temps à autre, fais défiler les pages déjà dessinées sous ton pouce pour t'assurer que l'animation fonctionne bien. Au moindre problème, sers-toi de ta gomme et modifie le dessin.

4 Une fois tous les dessins tracés, si le résultat te convient, repasse sur les lignes d'un trait plus gras pour bien le marquer et colore les dessins. Tu n'as plus qu'à faire défiler les pages sous ton pouce et visionner la scène complète.

Il te faut

- Un carnet de notes
- Un crayon et un feutre noir
- Une gomme
- Des crayons ou des feutres de couleur

Fais des esquisses pour trouver des idées !

Le *stop-motion* :

l'animation image par image

Ton animation peut aussi être réalisée au moyen de photos. Par exemple, prends en photo un verre contenant de l'eau. Puis bois-en une gorgée avec une paille sans toucher au verre et prends une nouvelle photo ; et ainsi de suite jusqu'à ce que le verre soit vide. Combine les images à l'aide d'un logiciel sur un ordinateur. Tu verras l'eau disparaître.

Des idées d'animation

Si tu manques d'idées sur le genre de scène à animer, pour commencer, recopie la séquence de dessins que nous te proposons ci-dessous. C'est un bon début et ça te permettra de comprendre comment ça fonctionne. Ensuite, si cela t'inspire, les idées viendront d'elles-mêmes. Une fois que tu maîtriseras bien la technique, attaque-toi à des animations plus complexes où se déroulent

simultanément deux mouvements différents, comme une fleur qui se fane à mesure que l'eau de son vase disparaît, par exemple. Et si tu as de vrais dons pour le dessin, rien ne t'empêche d'effectuer des dessins plus «léchés», plus aboutis. Qui sait si ce n'est pas le début d'une vocation !

Écris une histoire à faire peur

Pas besoin de films d'**épouvante** pour savourer les délices des frissons d'angoisse. Invite des copains et copines pour une **soirée « histoires à faire peur »** et surprends-les en leur lisant celle que tu auras écrite toi-même.

Choisis un thème

Les écrivains tirent leur inspiration de la vie réelle. Essaie de penser à ce qui te fait peur et introduis-le dans ton histoire. Qu'il s'agisse des fantômes, des extraterrestres, des monstres ou quoi que ce soit d'autre, il te sera toujours plus facile d'imaginer et de décrire les réactions de tes personnages si tu réagis comme eux !

La structure

Toute bonne histoire présente un début, un développement et une fin.

Avant de commencer, dresse donc une sorte de plan rapide de ton histoire, décrivant son début et sa fin. Puis cherche à imaginer les événements permettant de relier les deux.

À ce stade, ne cherche pas à t'attacher aux détails. Cette étape n'a pour seul but que de t'aider par la suite.

Construis le suspense

Le suspense, cette tension qui provient du fait que l'on ne sait pas ce qui va se passer, est ce qui permet de rendre une histoire inquiétante. Chacun, alors, imagine une histoire en fonction de ses propres peurs. Fais en sorte de maintenir ton public en haleine en ne lui donnant pas les clés permettant de deviner la suite des événements.

Le cadre des événements

Pour donner à ton histoire de la vraisemblance, il est préférable qu'elle se déroule dans des lieux réels. Tout dépend, évidemment, du thème que tu as choisi. Mais si tu veux que ce que tu racontes réussisse à donner le frisson, choisis pour cadre des lieux que tes copains et copines connaissent. Il n'en imagineront que plus facilement les péripéties : rien de tel pour se faire peur !

Le héros

Dans ton histoire, il faut un personnage auquel le public pourra s'identifier. Il t'appartient d'en choisir le caractère : garçon, fille, robuste, fragile, facilement impressionnable, sans peur... Les meilleurs personnages ont souvent des défauts ou des faiblesses : cela rend leur combat plus méritoire. Imagine quelles peuvent être les pensées de ton héros et transcris-les dans ton histoire.

Le méchant

Dans toute histoire, il faut un personnage de méchant convaincant, et ceux qui fonctionnent le mieux sont ceux qui constituent l'égal opposé du héros. Il peut s'agir d'une personne, d'un être surnaturel, d'un monstre... libre à toi ! Tu dois juste t'attacher à travailler et à dépeindre le personnage du méchant autant que celui du héros.

Ne rate pas la fin

La fin de l'histoire est généralement ce dont le public se souviendra le plus. Tu dois donc la rendre marquante. Tu peux choisir une fin heureuse, une fin drôle pour faire retomber la tension, une fin triste (pourquoi pas), ou un coup de théâtre, un événement auquel personne ne s'attendait. L'important, avec ce genre d'histoire, c'est de laisser ton public sur sa faim. Car si ça marche bien, il attendra que tu écrives une suite.

Jeux de balles originaux

Tu en as assez du football, du handball, du basketball ou du rugby. Pourtant, tu as tout de même envie de **t'éclater avec un ballon** ? Voici quelques jeux de balle inhabituels dont tu n'as sans doute encore jamais entendu parler.

Il te faut

- Des balles et des ballons

Sur les genoux !

Tous les joueurs se tiennent en cercle et chacun lance une balle de tennis à un autre. Chaque fois que quelqu'un rate la balle qu'on lui lance et la laisse tomber, il «perd un membre». À la première balle manquée, il se retrouve à cloche pied, à la deuxième, sur les genoux, puis avec un bras derrière le dos. Au bout de quatre ratés consécutifs, le joueur n'ayant plus de membre, quitte la partie. Mais pour chaque balle rattrapée, il peut récupérer un membre perdu. Alors, ne rate pas la balle !

Attrape ou esquive

Chaque joueur débute avec cinq points et se disperse sur le terrain. L'un des joueurs a préalablement été désigné pour être le **lanceur**. Celui-ci doit lancer une grosse balle souple sur l'un des autres joueurs. Le joueur visé peut alors choisir soit d'**attraper la balle**, soit de l'**esquiver**. Dans tous les cas, s'il est touché sans attraper la balle, il perd un point. Mais s'il l'attrape, c'est le lanceur qui perd un point, et celui qui l'a attrapée devient le nouveau lanceur. Si la balle tombe à terre sans toucher personne, chacun peut tenter de la ramasser et le premier qui y parvient devient le nouveau lanceur. Lorsqu'un joueur a perdu ses cinq points, il sort du jeu. Le dernier joueur à rester sur le terrain est le gagnant.

Pour ce jeu, utilise une balle souple.

Vif de balle et d'esprit

Les joueurs choisissent une catégorie : celles des animaux, par exemple. Tous forment un cercle. Tour à tour, chacun nomme un autre joueur et lui lance la balle. Le joueur désigné doit alors donner le nom d'un animal — le tigre, par exemple, — avant d'attraper la balle. Il doit sortir du jeu s'il donne le nom après avoir attrapé la balle, s'il cite un animal déjà cité, ou s'il laisse tomber la balle.

Des courses de ballons

Invente toutes sortes de courses incluant des performances avec un ballon : par exemple, une compétition de marche avec un ballon entre les jambes (sans le faire tomber), une course slalomée avec un dribble de basketball, ou avec un ballon de football au pied, qu'il faut emmener dans des buts sur la ligne d'arrivée.

Utilise une grosse balle afin qu'elle soit facile à attraper.

Organise une bataille d'eau

Voici une idée pour les jours où il fait chaud : un jeu qui associe **esprit d'équipe** et **bataille d'eau**. Ce jeu — **la capture du drapeau** — demande de la vitesse, de la précision, de la tactique et un vrai travail d'équipe. Alors, qui va gagner et qui sera le plus **mouillé** ?

Le jeu

Des ballons de baudruche remplis d'eau sont répartis entre deux équipes. Chaque équipe dispose d'une base. Les deux bases sont disposées aux extrémités opposées du terrain, marquées chacune par un drapeau de couleur différente. Le but du jeu est de capturer le drapeau de l'équipe adverse et de le ramener à sa base. Pour marquer un point, **les deux drapeaux** doivent flotter sur la même base.

Tactique n°1

Le jeu d'équipe est important. Chaque équipe a besoin d'un capitaine, qui distribuera les rôles à chaque joueur : attaquant ou défenseur. Si tout le monde cherchait à capturer le drapeau adverse, il n'y aurait personne pour défendre le drapeau de l'équipe!

LES RÈGLES

- **Seuls les ballons remplis d'eau sont autorisés.** Les pistolets à eau permettent de toucher l'adversaire trop facilement.
- Si tu es touché par un ballon plein d'eau projeté par un adversaire, tu dois **quitter le terrain pendant 30 secondes** avant de pouvoir revenir dans le jeu.
- Si tu es touché tandis que tu transportes un drapeau, tu dois le déposer au sol à l'endroit où tu te trouves. Chaque équipe peut alors tenter de s'en saisir pour le ramener à sa base.
- L'équipe gagnante est la première à totaliser **trois captures.**

Tactique n°3

Essaie de coordonner les attaques de ton équipe de façon à neutraliser plusieurs joueurs de l'équipe adverse en même temps. Ainsi, les opposants seront moins nombreux à défendre leur base et leur drapeau.

Tactique n°2

Pense à économiser les munitions. Ne gaspille pas tes ballons d'eau en les lançant sur un adversaire trop éloigné : cherche à t'en rapprocher. Surveille aussi les réserves de munitions de l'adversaire : lorsqu'elles s'amenuisent, c'est le moment d'attaquer !

En Thaïlande, durant la fête de Songkran, les rues de toutes les villes deviennent un gigantesque champ de bataille d'eau !

Des jeux de plein air

Cache-cache et autres choses du même genre, tout le monde connaît ! Il est temps d'essayer des **jeux plus originaux** et **inattendus**. En voici quelques-uns parmi nos favoris.

Feu rouge, feu vert

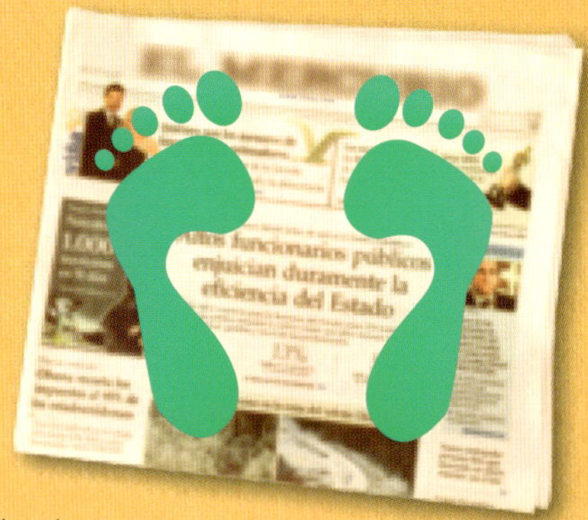

L'un des joueurs est choisi pour tenir le rôle du **« feu coloré »**. Il se place près d'un arbre tandis que tout le monde se tient loin en retrait sur une même ligne de départ. Chacun doit être immobile jusqu'à ce que le « feu coloré » annonce **« feu vert »**. Chacun des joueurs tente alors de se rapprocher le plus possible du feu avant qu'il n'annonce **« feu rouge »**. Si le feu surprend un joueur à courir pendant qu'il est rouge, le joueur doit revenir à la ligne de départ. Le feu coloré pourra ainsi passer à sa guise plusieurs fois du vert au rouge. Le gagnant est le premier à l'atteindre sans se faire attraper. C'est lui qui prend alors la place du feu pour la manche suivante.

Chats à la chaîne

Deux joueurs sont choisis pour jouer les « chats » et se tiennent par la main. Leur rôle est d'attraper d'autres joueurs. Toute personne attrapée doit se joindre à la chaîne des chats en se tenant par la main et participer à la capture des « souris » restantes.

Gelé !

C'est un peu comme de jouer à chat, mais lorsque tu es touché, tu dois rester immobile, comme gelé sur place jusqu'à ce qu'un de tes coéquipiers vienne te délivrer en te tapant sur l'épaule. Seras-tu un héros, ou tenteras-tu seulement de survivre en jouant perso ?

Le jeu du ballon

Gonfle un ballon et place chaque joueur en un grand cercle. L'un d'eux doit lancer le ballon en l'air au-dessus de lui et nommer un autre joueur. Le joueur nommé doit atteindre le ballon avant qu'il ne retombe au sol et le relancer en l'air, en nommant à son tour un autre joueur, et ainsi de suite. Si un joueur désigné ne parvient pas à empêcher le ballon de toucher le sol, il est éliminé jusqu'à la fin de la manche. Le gagnant est la dernière personne restant en jeu !

Pied à terre

Dispose au sol des feuilles de papier journal à distance les unes des autres pour constituer une chaîne d'« îles ». Les joueurs doivent parcourir la chaîne aussi vite que possible en sautant d'île en île sans mettre un pied dans la « mer » tout autour.

Les joueurs peuvent choisir de rester en longue chaîne ou se séparer en plusieurs chaînes plus petites pour encercler les autres joueurs, du moment qu'il restent en contact avec au moins une personne. Le gagnant est la dernière « souris » capturée.

Dresse le camp

Rien ne vaut une nuit passée **sous la tente.** Mais il n'est pas toujours facile, ni autorisé, d'aller camper en pleine forêt ou au bord d'une rivière. Tout espoir n'est pas perdu, cependant, car il y a d'autres solutions, comme le jardin ou même le salon. L'avantage de camper à la maison, c'est que le chocolat chaud du petit déjeuner n'est jamais bien loin !

Il te faut

- Des tentes
- Des tapis de sol
- Des matelas pneumatiques
- Des sacs de couchage
- Des oreillers
- Des lampes torches

L'installation

Fais comme les pionniers du Far West : dresse ton camp avant qu'il ne fasse nuit. Dispose les tentes en un grand cercle, avec un espace au centre où tout le monde pourra se réunir. Demande aux adultes de t'aider, toi et tes amis, à dresser les tentes et gonfler les matelas pneumatiques pour passer des nuits confortables dans vos sacs de couchage. Une table et des chaises de camping seront les bienvenues dans l'espace central.

Camper à la maison

Pour jouer au campeur quand tu vis en appartement, improvise une tente avec une couverture et quelques chaises. Plus elle sera vaste, mieux ce sera.

Jeux d'extérieur

L'un des grands plaisirs du camping, c'est d'être **dehors** avec les copains ; on peut y faire **beaucoup plus de choses** qu'à la maison. Qui est partant pour une course en sac (de couchage) ? Ou préfères-tu une partie de tir à la corde ?

Manger dehors

Cuisiner au **feu de bois** est un autre plaisir du camping, mais faire du feu dans le jardin est déconseillé, et même interdit à certaines périodes de l'année. Heureusement, la **cuisine** de la maison est toute proche ; tu peux y faire cuire le repas et le porter dehors sur des plateaux. Ou, si les adultes sont d'accord, demande-leur de t'installer un **barbecue**.

Si on jouait aux pirates ?

Les pirates vivaient une **vie d'aventure** sur les mers. Pourquoi pas toi ? Pars à la recherche du **trésor enfoui** et affronte les équipages pirates ennemis. Voici comment fabriquer les accessoires indispensables.

Il te faut

- Deux grands morceaux de carton
- De la colle
- De la bande adhésive noire
- De la feuille d'aluminium

Un sabre d'abordage

Le sabre d'abordage était l'arme préférée des pirates des Caraïbes. Si tu envisages de te lancer sur les sept mers, il t'en faudra un !

1 Trace la forme de ton sabre sur chacun des deux morceaux de carton, comme illustré ici. Découpe-les et colle-les l'une contre l'autre.

2 Une fois la colle bien sèche, gaine la poignée de bande adhésive noire et entoure la lame de feuilles d'aluminium.

La carte au trésor

Un pirate qui se respecte est toujours à la recherche de quelque butin. Voici comment fabriquer une carte au trésor. Tu peux dresser celle de ta maison ou de ton jardin, où tu auras caché quelque chose que tes copains devront retrouver.

1 Déchire les bords d'une feuille de papier. Froisse-la en boule, puis déplie-la et aplatis-la bien sur du papier journal ou un morceau de carton.

2 Dépose quelques cuillerées de thé ou de café froid sur la feuille et étale bien le liquide avec tes doigts. Essaie de recouvrir toute la page.

Il te faut

- Une feuille de papier
- Du thé ou du café froid
- Un sèche-cheveux
- Des feutres marqueurs

3 Attends cinq minutes et, sous le contrôle d'un adulte, fais sécher ta page avec un sèche-cheveux. N'approche pas trop le sèche-cheveux du papier pendant l'opération.

4 Une fois que le papier, bien sec, a acquis un aspect vieilli, utilise les marqueurs pour dessiner les contours d'une carte. Représente aussi des rochers, la jungle, une grotte, etc., et n'oublie pas la croix : celle qui marque toujours l'emplacement du trésor !

Les olympiades du jardin

Les **jeux Olympiques** n'ont lieu que tous les quatre ans, mais si tu organises tes propres olympiades, tu peux les faire aussi souvent que tu veux !

Invite tes amis et, tous ensemble, dressez une liste des épreuves dans lesquelles vous voulez vous mesurer. Vous avez le choix, mais essayez d'en avoir au moins cinq différentes. Voici quelques suggestions.

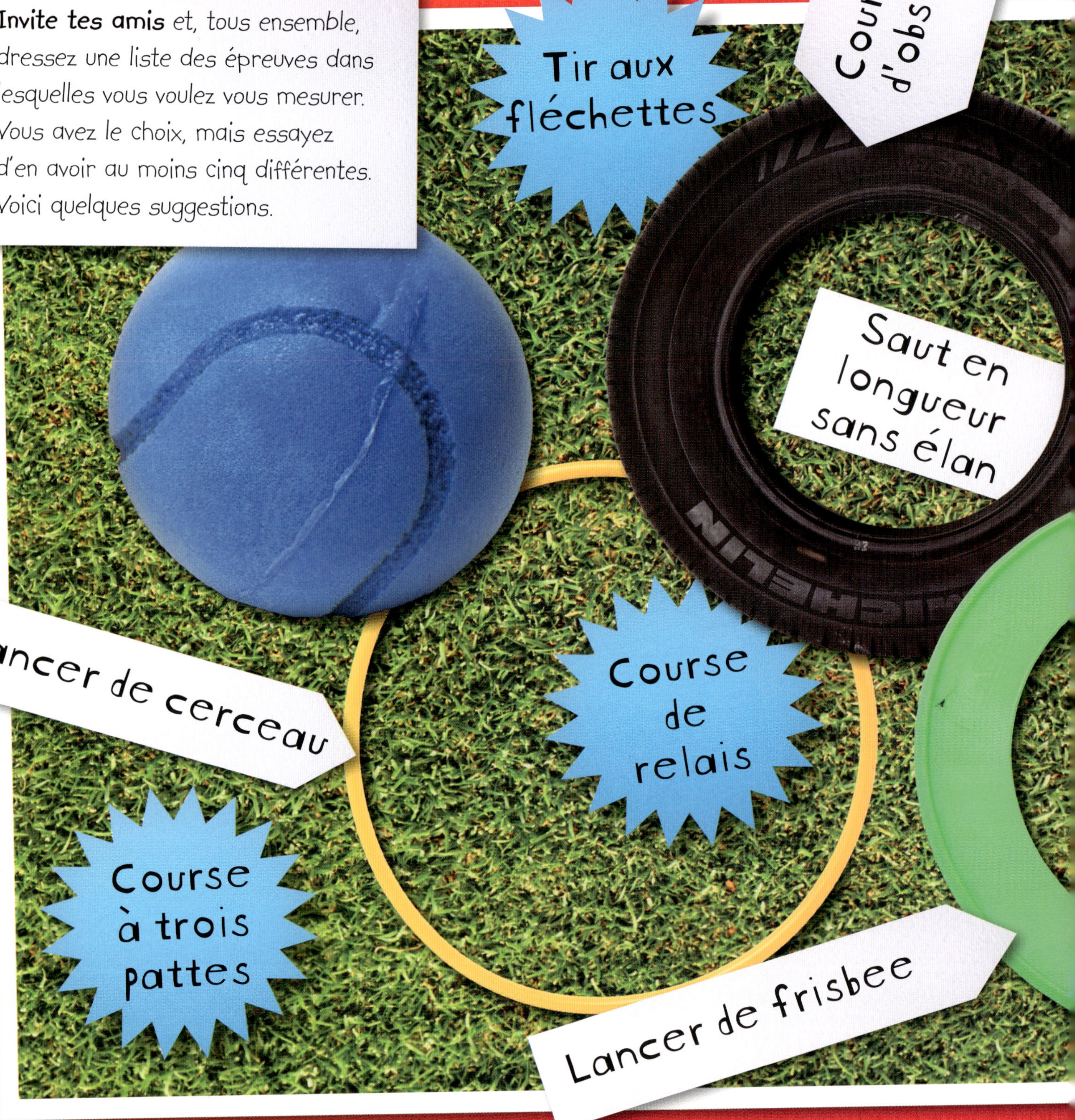

Il te faut

- Une cannette
- Du carton
- Un crayon et de la peinture
- Des marqueurs
- Du ruban
- De la bande adhésive

Fabrique les médailles

Pas d'olympiades sans médailles ! Avant de débuter, détermine le nombre d'épreuves qui doivent avoir lieu, et fabrique trois médailles (une d'or, une d'argent, une de bronze) pour chacune.

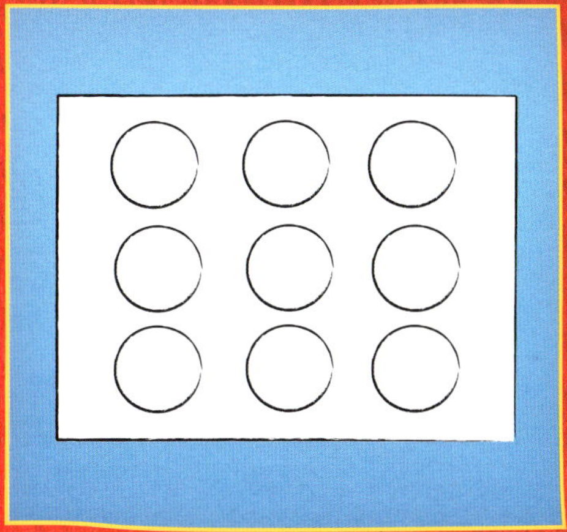

1 Utilise la canette comme guide pour dessiner des cercles sur le carton. Trace donc trois fois plus de cercles qu'il y a d'épreuves.

2 Découpe les cercles et colore-les, soit avec des marqueurs, soit avec de la peinture. Un tiers doivent être en or (ou jaune), un autre tiers en argent (ou gris) et le dernier tiers en bronze (ou brun).

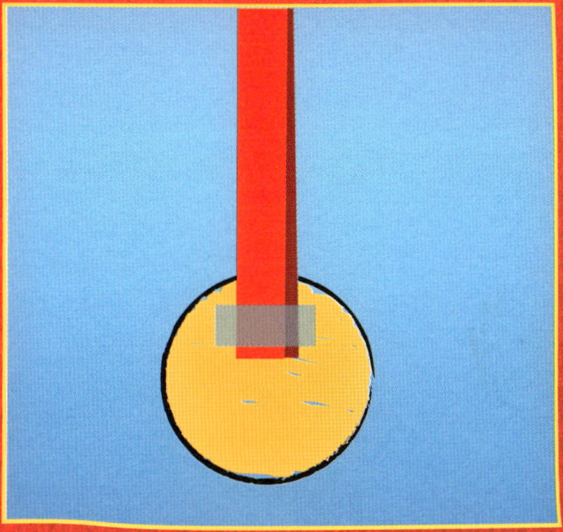

3 Fixe une boucle de ruban derrière chaque médaille avec de la bande adhésive. Elle doit être assez grande pour passer autour du cou.

1 3 Sur le Podium 2

Une fois toutes les épreuves achevées, décerne leurs médailles aux vainqueurs montés sur le podium. Fabriques-en un avec tout ce que tu pourras trouver d'assez solide pour supporter leur poids : bancs, chaises, caisses en bois, etc.

Jeux de fête

Tout le monde aime faire la fête. Mais plutôt que de l'animer avec des jeux ordinaires, pourquoi ne pas en essayer de plus **inhabituels** ? Histoire de rendre la fête plus **inoubliable** encore...

Un nouveau choix

Parmi les jeux de fête, il existe bien sûr les bons vieux **classiques** : Jacques-a-dit, les chaises musicales, etc. Mais tu peux les combiner avec des idées nouvelles. Et si ta fête a un thème, adapte les règles ou invente de nouveaux jeux pour coller au thème.

Inspire-toi des 4 jeux présentés ici...

Les invitations

Les invitations doivent renseigner tes invités sur le lieu et l'heure de la fête, mais doivent préciser également s'il y a des exigences particulières pour y participer : par exemple, s'il s'agit d'un **bal costumé**, ou s'il faut **apporter quelque chose** de particulier.

Tu peux acheter des cartons d'invitation tout prêts à remplir, mais pourquoi ne pas **les fabriquer toi-même** ? Cela serait plus personnel. Et ainsi, s'il s'agit d'une fête à thème, tu pourras créer un style d'invitation en rapport avec le thème.

Le gardien des clés

Un trousseau de clés est disposé sous une chaise au milieu de la pièce. L'un des joueurs s'assied, les yeux bandés, sur la chaise tandis que tout le monde se tient en cercle autour de lui. **Chacun, tour à tour, doit tenter de s'approcher furtivement pour ramasser le trousseau de clés sans que le gardien aux yeux bandés s'en aperçoive**. Si ce dernier détecte la présence de quelqu'un, il doit désigner la personne du doigt et dire :

« Je te vois ».

Si un joueur parvient à prendre les clés et à revenir dans le cercle sans se faire repérer, il devient le nouveau gardien des clés.

POUR CORSER LE JEU

Utilise un trousseau avec beaucoup de clés et d'anneaux. Il sera ainsi plus bruyant et plus difficile à attraper.

Le passage du ballon

Forme deux équipes de taille égale dont les membres doivent se tenir en file les uns derrière les autres, avec les mains derrière le dos. Le premier de la file doit tenir un ballon de baudruche gonflé sous son menton. **Le but du jeu est de se passer le ballon de joueur en joueur le long de la file, uniquement en le tenant sous le menton.** Si le ballon tombe, il doit repartir d'un joueur en arrière. Mais souviens-toi : **INTERDICTION D'Y METTRE LES MAINS !** L'équipe gagnante est la première à faire parcourir toute la file au ballon.

Le jeu des statues musicales

On choisit celui qui sera **le juge**. Celui-ci lance la musique et doit se tenir le dos tourné tandis que tous les autres joueurs dansent sur la musique. Au bout de quelques secondes, le juge **arrête la musique et se retourne.** Les autres joueurs doivent alors s'immobiliser, comme des statues ! **TOUT JOUEUR QUI CONTINUE DE DANSER EST ÉLIMINÉ.**

Jeu de mémoire

Dispose sur un plateau 10 à 15 petits objets divers. Les participants s'asseyent en cercle et l'on place le plateau au centre. Ils disposent d'une minute pour mémoriser le plus possible d'objets présents sur le plateau. **Une fois le temps écoulé, on retire le plateau et on distribue à chacun un papier et un crayon.** Les joueurs ont deux minutes pour écrire le plus possible d'objets présents sur le plateau. **LE GAGNANT EST CELUI QUI EN ÉCRIT LE PLUS.**

UN CONSEIL
Utilise des objets de formes, de tailles et de couleurs différentes, certains ordinaires, d'autres plus étranges.

Des choses à savoir et à savoir faire

Impressionne tes amis lors de vos conversations par l'ampleur de **tes connaissances** dans toutes sortes de domaines : les robots, les dinosaures, etc. Surprends-les aussi par tes **capacités d'action**, que ce soit dans les sports, la vie dans la nature, par exemple, ou par ton aisance avec les instruments de musique. Tourne cette page pour découvrir plein de choses passionnantes.

Mais tu dois apprendre à rester **modeste** et ne pas te servir de ton savoir pour dominer les autres. N'étale pas tes connaissances ; sache attendre le bon moment pour les exposer et en faire bon usage. Et profites-en pour les **transmettre** à tes amis. Le savoir n'est guère utile si l'on ne sait pas s'en servir avec sagesse et le partager.

Un monde de robots

Les films de science-fiction nous dépeignent souvent les robots dominant un **monde futuriste**. Mais ceux-ci font déjà partie de notre vie, **travaillant sans relâche** pour nous, fabriquant des voitures, explorant le monde, réalisant même des interventions chirurgicales.

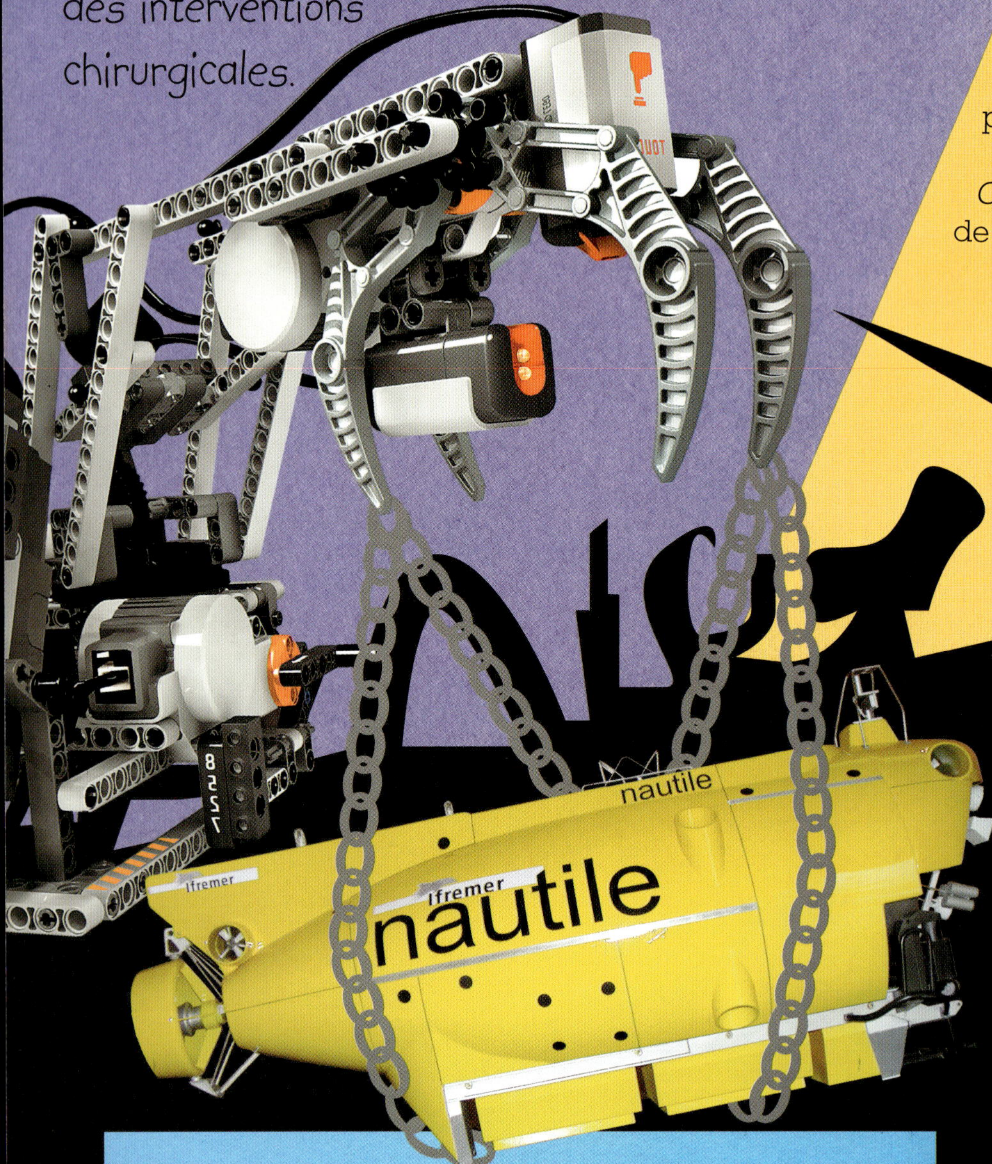

Les robots dans l'espace

À cause des rudes conditions, hostiles à l'être humain, qui règnent dans l'espace, les agences spatiales utilisent aujourd'hui surtout des sondes robotisées pour leurs missions d'exploration. En 2012, par exemple, le rover *Curiosity* s'est posé à des millions de kilomètres de la Terre à la surface de Mars.

Des véhicules tous terrains

Les robots sont très utiles pour les missions d'exploration car ils sont opérationnels même dans des milieux où l'homme ne peut pas aller. On les utilise sur les **grands fonds marins** comme dans **l'espace**.

Les premiers robots de production datent des années 1960.

Les robots de production

Actuellement, la plupart des robots existants se rencontrent dans les usines, où ils sont employés sur des chaînes de fabrication. Ils sont parfaits pour ce genre de tâches car ils peuvent réaliser des opérations très précises de façon répétitive sans jamais se fatiguer.

Le mot **robot** fut créé en 1920 par l'auteur tchèque Karel Capek pour une pièce de théâtre. Il dérive du tchèque **robota**, qui signifie « travail forcé ».

Le savais-tu ?

En 2012, il existait près de **10 millions de robots** dans le monde, la plupart étant des robots de production présents dans les usines.

Les robots sont également utilisés dans la **recherche**, dans les **universités**, et dans **l'armée** et **les services de sécurité** (drones, déminage, etc.).

Il existe même un robot, baptisé **« Da Vinci »**, qui effectue des **opérations chirurgicales** dans plus de 1 500 hôpitaux dans le monde.

À propos des dinos

et autres bestioles préhistoriques

Cela fait **65 millions d'années** que les dinosaures ont disparu, mais les chercheurs continuent de découvrir des choses passionnantes sur ces étonnantes créatures, ainsi que sur les autres reptiles qui vécurent à la même époque : le Cénozoïque.

Sur la terre ferme

Le mot dinosaure signifie **LÉZARD TERRIBLE**, mais tous n'étaient pas aussi terribles que cela ! Les dinosaures ont néanmoins peuplé la Terre pendant près de 165 millions d'années. Ça mérite le respect !

SUE, le *Tyrannosaurus Rex* du Field Museum, à Chicago, aux États-Unis, est le fossile de *T. Rex* le plus complet du monde. En 1997, son acquisition a coûté au museum **8,4 MILLIONS DE DOLLARS**, soit environ **6 MILLIONS D'EUROS**.

Les dinosaures ayant existé pendant très longtemps, la période qui nous sépare de *T. Rex* est plus courte que celle qui sépare ce dernier des Stegosaures, par exemple !

L'un des **PLUS PETITS** dinosaures, *Compsognathus*, devait courir **TRÈS VITE**, à près de 40 km/h.

Dans les airs

LES DINOSAURES NE VOLAIENT PAS, mais à la même époque qu'eux, d'autres reptiles, **LES PTÉROSAURES**, avaient maîtrisé le vol et **OCCUPAIENT LE CIEL**.

Le plus grand animal qui ait jamais volé est le ptérosaure *Quezalcoatlus*. Son envergure atteignait **12M** : presque la taille d'un **PETIT AVION**.

Les ptérosaures avaient des **OS FINS ET CREUX** qui allégeaient leur poids et rendaient leur vol pus facile.

On sait aujourd'hui que **LES OISEAUX** sont les descendants directs des dinosaures, et non des ptérosaures.

Dans les océans

Tandis que les dinosaures vivaient sur les terres, les **REPTILES MARINS** peuplaient les mers. Ils leur ressemblaient beaucoup et s'éteignirent en même temps qu'eux, mais les reptiles marins n'avaient **AUCUN LIEN DE PARENTÉ DIRECTE AVEC LES DINOSAURES.**

Le crâne de *Deinosuchus* — un parent des crocodiles actuels — mesurait 1, 8 m de long. L'animal adulte pouvait peser jusqu'à **5 TONNES**.

Parce que ces animaux vivaient dans la mer, un milieu plus favorable à la fossilisation, il existe beaucoup de fossiles bien conservés de reptiles marins.

Charcharodon megalodon, le cousin disparu de l'actuel grand requin blanc, devait atteindre **20 M DE LONG !**

Tes débuts en musique

Même les plus grands musiciens ont été un jour des débutants, alors sois sûr qu'avec de la **pratique**, tu pourras toi aussi **apprendre à jouer** d'un instrument. Tu trouveras ici comment plaquer tes premiers accords de guitare et jouer un air au clavier. Qui sait, peut-être un jour nous sortiras-tu **un tube** !

Guitare : les bases

Si tu joues une corde de guitare tout en la pressant, sur le manche, derrière une **FRETTE**, tu émettras une note. En jouant simultanément plusieurs notes en combinaison, tu obtiens des **ACCORDS**.

Les accords

Beaucoup de chansons peuvent être jouées avec ces quatre accords. Presse sur les cordes avec tes doigts aux endroits indiqués par les points et joue en même temps les cordes concernées.

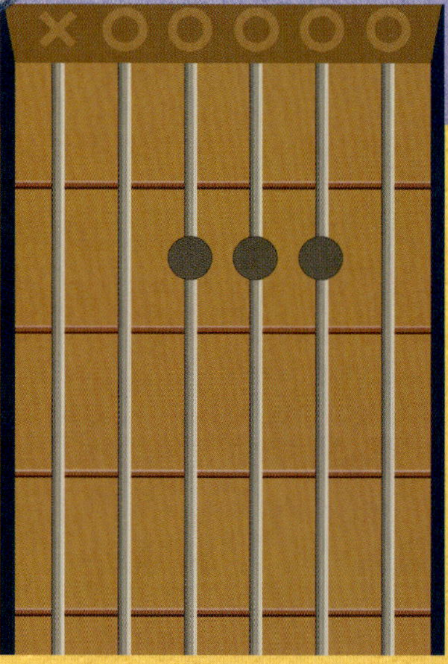

La (A)

Pour jouer du piano

Chaque touche correspond à une note. Pour jouer, il suffit de presser les touches ! La difficulté, c'est de le faire en une séquence rythmée qui produise une jolie mélodie. Alors il n'y pas de secret : **IL FAUT S'ENTRAÎNER !**

« Happy Birthday to you... »
Épate tes copains en jouant cet air bien connu. Pour cela, joue la séquence de notes ci-dessous en respectant le rythme.

G G A G C B
G G A G D C
G G G E C B A
F F E C D C

Les notes noires produisent les dièses et les bémols.

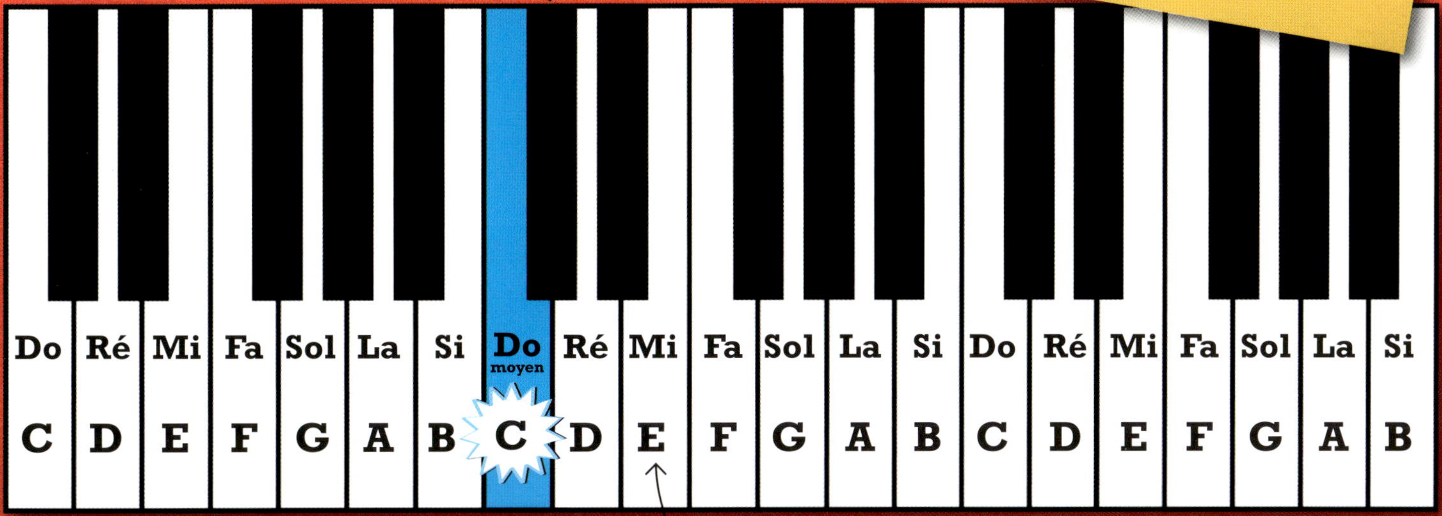

Les noms constitués d'une seule lettre correspondent à la notation internationale des notes de la gamme.

Les cordes marquées d'un X ne doivent pas être jouées.

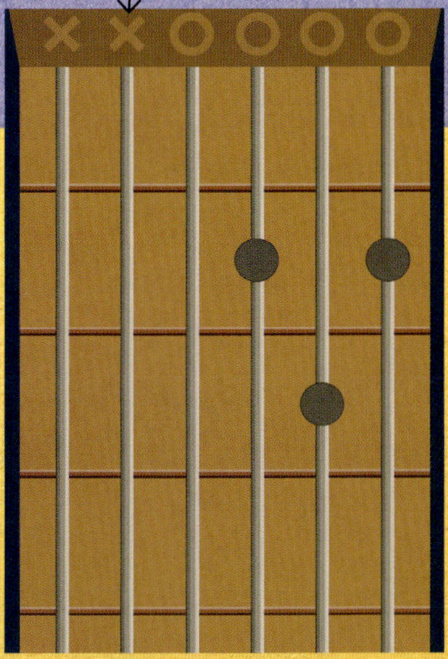

Ré (D)

Mi (E)

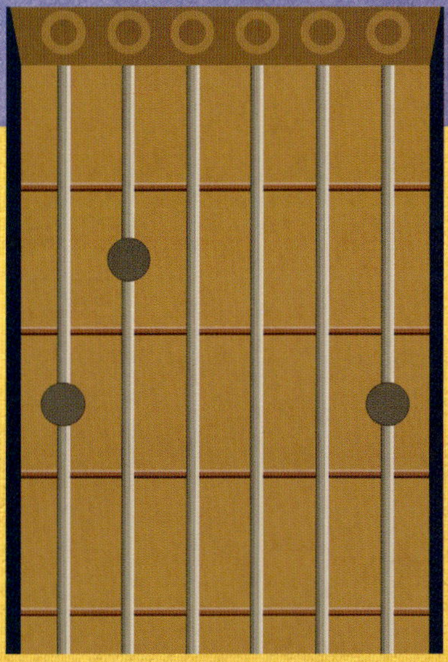

Sol (G)

Châteaux et forts

Un **château**, ce n'est pas la même chose qu'un **fort**. Mais au Moyen Âge, on ne faisait pas vraiment la différence : la plupart étaient des **châteaux forts**.

Le sens des mots

Un **CHÂTEAU** est un grand bâtiment, lieu de résidence d'une personne riche (un seigneur, un noble, un dirigeant politique, etc.) construit pour l'apparat et pour faire état de la puissance de celui qui l'habite.

Un **FORT** est une construction militaire. Il s'agit d'une caserne fortifiée par une enceinte, abritant des troupes et leur armement, construite généralement dans un lieu stratégique.

Un **CHÂTEAU FORT** est un peu les deux à la fois. Au Moyen Âge, de nombreux seigneurs règnent sur leurs terres et se font la guerre entre eux. Ils construisent des châteaux fortifiés défendus par des soldats, pour abriter leur famille et résister aux attaques ennemies.

Le château de Bonaguil (Lot-et-Garonne) possède tous les perfectionnements de la fin du Moyen Âge. C'est l'un des derniers châteaux forts construits en France.

Essaie de construire un château fort en carton.

Demeures fortifiées

Le rôle principal d'un château fort est d'**EMPÊCHER LES ASSAILLANTS D'Y PÉNÉTRER**. Les portes ne pouvaient être ouvertes que de l'intérieur et l'ensemble des bâtiments était protégé par une enceinte constituée par une épaisse muraille difficile à franchir ou à briser. Tours et murailles étaient percées de meurtrières, étroites ouvertures permettant aux archers de tirer sur les assaillants sans trop s'exposer. Même les escaliers étaient conçus dans un but défensif : ils étaient construits en vis très étroites, obligeant les assaillants à se présenter un par un. Ils étaient ainsi plus faciles à défendre.

Des défenses naturelles

L'emplacement des châteaux forts constituait souvent leur meilleure défense. Ils étaient le plus souvent construits **AU SOMMET DE COLLINES**. Cela permettait non seulement de voir les ennemis approcher de loin, mais rendait également leur attaque beaucoup plus difficile à mener.

Les châteaux forts étaient aussi souvent construits **PRÈS DE L'EAU**. Outre le fait que cela permettait la construction de douves offrant une ligne de défense supplémentaire, disposer d'un accès à l'eau était souvent essentiel en cas de siège.

Le château de Marksburg, défendant la ville de Braubach, en Allemagne

Comment s'orienter dans la nature

Si tu rêves de suivre les traces des grands aventuriers, il te sera utile de **savoir te débrouiller** dans la nature. Commence par apprendre à **te repérer** sur le terrain et à savoir quoi faire **si tu te perds**.

Lorsque tu marches à travers un paysage, essaie d'imaginer à quoi il ressemble vu du ciel. Cette **image mentale** t'aidera à mieux te représenter le chemin que tu suis.

Au cours de tes explorations, sois sans cesse attentif à l'aspect du terrain **autour de toi**, et non pas seulement à ce qui se trouve devant toi. De temps à autre, **retourne-toi** afin de voir d'où tu es venu, surtout si tu sais que tu devras refaire le chemin en sens inverse.

Des **repères**, tels qu'un arbre ou un rocher **d'aspect remarquable**, peuvent t'aider à t'orienter et à te souvenir du chemin suivi : sois donc attentif à ceux-ci. Les cours d'eau peuvent aussi t'aider à te repérer.

Si tu te perds...

L'essentiel sera de retrouver le nord. Mais cela n'aura d'intérêt que si tu savais où il était avant de te perdre et, surtout, où se situait ton point de départ par rapport au nord. Étudie donc avec soin ta position avant de partir, si possible à l'aide d'une carte.

Pour retrouver le nord

Si un jour tu as besoin de te repérer, il est utile de savoir où se trouve le nord : tu sauras ainsi dans quelle direction aller par rapport à lui. Alors si tu as oublié ta boussole, essaie les deux techniques présentées ici. Et souviens-toi toujours bien de l'ordre des points cardinaux qui est, en tournant dans le sens des aiguilles d'une montre : **N**ord, **E**st, **S**ud et **O**uest.

Avec l'ombre

1 Plante un bâton dans le sol et observe son ombre. Place une pierre à la pointe de l'ombre et marque-la d'un O, pour ouest.

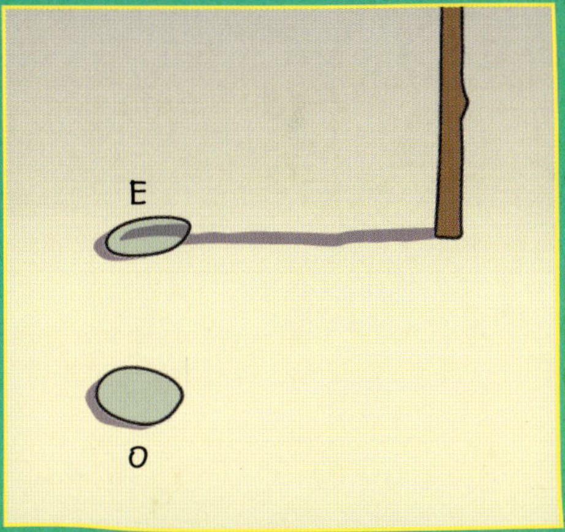

2 Attends 30 minutes. Le Soleil se sera déplacé vers l'ouest, et son ombre vers l'est. Marque-la donc d'une pierre portant un E, pour « est ».

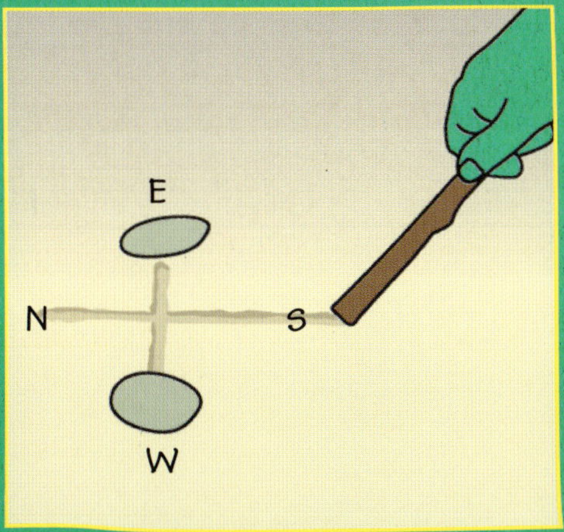

3 Trace une ligne entre les points est et ouest, puis une autre à angle droit entre les deux : elle t'indiquera le nord et le sud.

Avec une montre

Perdu au nord de l'équateur ?

Retire ta montre bracelet et dispose-la à plat devant toi en l'orientant de sorte que l'aiguille des heures pointe vers le Soleil. Détermine le point situé précisément à mi-chemin entre l'aiguille des heures et le point « 12 h » sur le cadran. Ce point central t'indique la direction du sud. Le nord est donc à l'opposé.

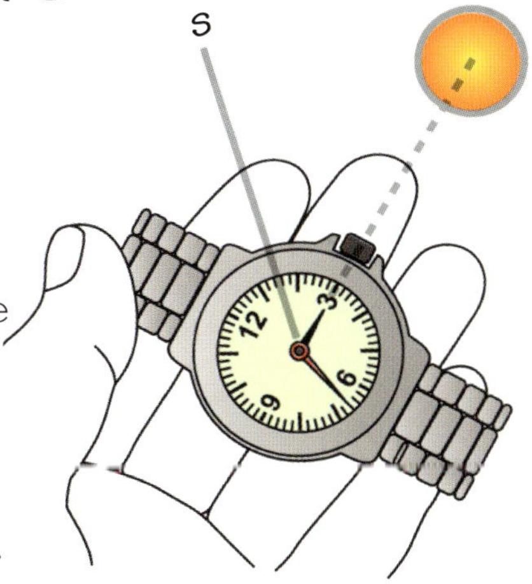

Perdu au sud de l'équateur ?

Dispose ta montre de sorte que l'indication « 12 h » pointe vers le Soleil. Détermine le point situé précisément à mi-chemin entre « 12 h » et l'aiguille des heures. Il t'indique la direction du nord.

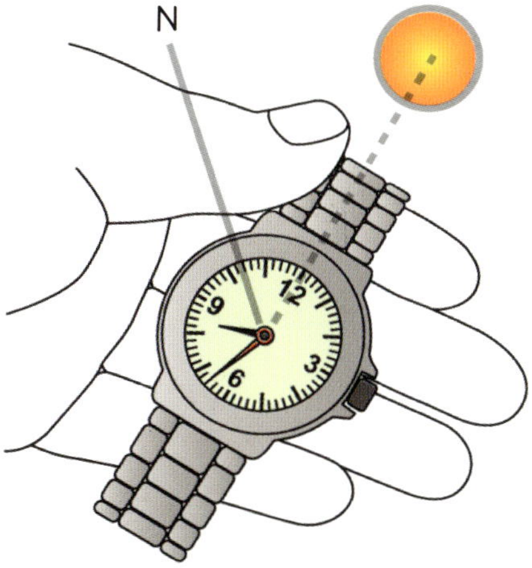

Connaître les serpents

LES CONSTRICTEURS
Tous les serpents ne sont pas venimeux. Certaines espèces, comme les **pythons** et le **Boa constricteur**, tuent leurs proies en s'enroulant autour d'elles et en les serrant jusqu'à ce qu'elles étouffent.

Les serpents ne sont pas aussi redoutables qu'on pourrait le croire. En réalité, beaucoup **ne sont pas venimeux**, et ceux qui le sont mordent généralement surtout pour se défendre. Quelques-uns, bien sûr, sont **très dangereux**, comme la plupart de ceux illustrés ici, et leur morsure peut entraîner la mort. Mais ils ne vivent pas chez nous.

Vipère du Gabon

Cette chasseuse africaine possède **les plus longs crochets** de tous les serpents venimeux : ils peuvent atteindre 5 cm de long. C'est une spécialiste du camouflage, qui guette ses proies en se cachant parmi les feuilles mortes.

Cobra royal

Ce serpent, qui habite les forêts de l'Inde et d'Asie du Sud-Est, est **le plus long serpent venimeux** du monde : il peut dépasser 5 m de long.

Vipère à fosses

Cette espèce menacée, à la morsure redoutable, se rencontre au Mexique et en Amérique du Sud. Les mâles adultes sont **assez petits** car ils ne dépassent guère 40 cm de long.

Les crotales

Présents en Amérique du Nord, les crotales habitent les milieux chauds et secs. Ils sont surnommés « serpents à sonnette » à cause d'une **crécelle d'anneaux d'écailles mobiles** qu'ils possèdent au bout de la queue et qu'ils agitent pour émettre un bruit d'avertissement en cas de danger.

ET EN FRANCE...

Il existe en France trois espèces de vipères ayant un venin toxique dangereux, notamment la **vipère aspic**, la plus répandue. Rien de commun, toutefois, avec la plupart des serpents présentés ici : les cas mortels sont très rares. Mais leur morsure rend bien malade et doit être traitée médicalement.

Serpent des mangroves

Cette espèce se rencontre en Asie du Sud-Est et en Inde. Il s'agit d'une **couleuvre** : elle possède un venin potentiellement toxique mais, ses crochets se situant au fond de la bouche, les risques de morsures dangereuses sur l'homme sont faibles.

Un quiz sur les animaux

Connais-tu bien les animaux ? Réponds à ce quiz et voyons si tu es bien **le roi de la jungle**.

Pose ces questions à tes copains également. Qui fera le moins d'erreurs ?

1 Tous les rapaces nocturnes on des dents : **VRAI OU FAUX ?**

2 Le tigre du Bengale se rencontre en Afrique : **VRAI OU FAUX ?**

3 Approximativement, combien la trompe de l'éléphant compte-t-elle de muscles ?

- 100
- 1 000
- 10 000
- 100 000

Les réponses :

Pour les lire, retourne le livre.

1. Faux : comme tous les oiseaux, ils n'ont pas de dents.
2. Faux : il est présent en Inde, au Bangladesh et au Bhoutan.
3. 100 000 muscles
4. Vrai : d'autres mammifères ne font que planer.
5. 4,5 cm
6. Vrai : elle a aussi appris plus de 1 000 signes basés sur le langage des signes américain.
7. 50 km/h

4 Les chauves-souris sont les seuls mammifères capables de vol véritable : **VRAI OU FAUX ?**

6 On a réussi à enseigner à une femelle gorille le sens de 2 000 mots d'anglais : **VRAI OU FAUX ?**

5 La peau de certaines grenouilles dendrobates comme celle-ci renferme assez de poison pour tuer 10 hommes adultes. Quelle est leur taille moyenne ?

- 4,5 cm
- 15 cm
- 20 cm

7 À quelle vitesse le grand requin blanc est-il capable de nager ?

- 40 km/h
- 50 km/h
- 110 km/h

Les lois de la cuisine

Si tu envisages de devenir un vrai grand chef, commence par établir et respecter les règles de **bonne conduite** et de **bonne pratique dans la cuisine**. De cette façon, tu pourras préparer tes plats favoris en réduisant autant les risques de ratés que d'accidents.

Maintiens toujours la cuisine propre. Les aliments répandus peuvent provoquer des accidents !

Sécurité et hygiène

La cuisine peut devenir un endroit dangereux : il y a les produits renversés, les ustensiles coupants, les casseroles et poêles brûlantes... La sécurité est donc une affaire sérieuse. Penses-y chaque fois que tu cuisines.

Lave-toi toujours les mains avant de toucher à la nourriture sous toutes ses formes, même les fruits et légumes.

Vérifie toujours la date de péremption de tes ingrédients. **Ne cuisine jamais des produits dont la fraîcheur n'est plus garantie.**

Porte toujours des gants lorsque tu manipules des plats chauds.

Sois toujours très attentif lorsque tu découpes des ingrédients. **LES COUTEAUX DOIVENT ÊTRE MANIPULÉS AVEC PRÉCAUTION.**

Les couteaux et planches ayant servi à découper de la **viande rouge**, de la **volaille** ou du **poisson** doivent être lavés à l'**eau chaude savonneuse** avant d'être réutilisés.

Bon à savoir

Mieux tu es préparé, plus il est facile de faire la cuisine. Ces règles simples te permettront de toujours bien t'en sortir.

Préchauffe ton four environ 10 minutes avant d'enfourner ta préparation afin qu'il soit à la bonne température pour la cuisson.

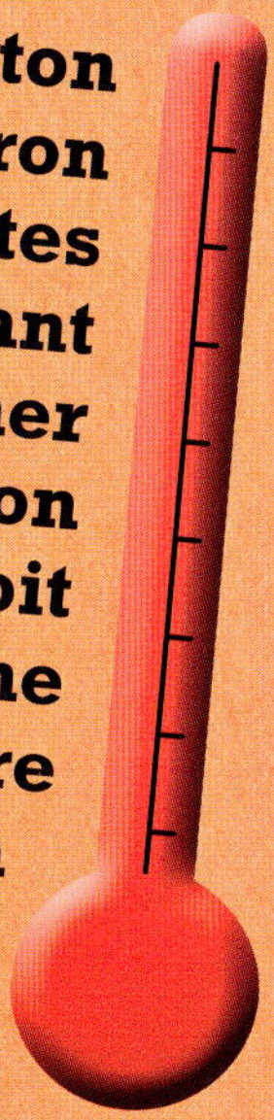

RÉUNIS TES INGRÉDIENTS avant de commencer la préparation d'une recette. Ainsi, tu pourras te concentrer sur ce que tu fais au lieu de passer ton temps à aller chercher tes produits. Cela t'évitera souvent de laisser brûler une préparation.

Utilise toujours le type de farine (ordinaire, panifiable, auto-levante, etc.) ainsi que le grade indiqué. C'est ce qui fait toute la différence entre une pâte réussie ou ratée.

Les bonnes mesures

Respecte toujours les quantités indiquées dans ta recette pour chaque ingrédient. Elles sont établies dans le but d'obtenir l'équilibre recherché pour le mets préparé. Évidemment, les quantités doivent être adaptées au nombre de personnes que tu veux nourrir. Si ta recette est conçue pour quatre personnes, divise les quantités par deux si vous n'êtes que deux, ou multiplie-les par deux si vous devez être huit à table.

Joue comme un pro

Voici quelques **techniques** de football, de tennis et de bowling qui, avec un peu d'**entraînement**, te permettront de **dominer la compétition** la prochaine fois que tu joueras avec tes copains ou ta famille.

Marque un penalty

À l'entraînement, les grands footballeurs manquent rarement un tir de penalty, mais durant une compétition, lorsqu'ils supportent toute la pression du jeu, il en va souvent autrement. Voici comment procéder pour mettre toutes les chances de ton côté.

1 Entraîne-toi d'abord face à des buts vides. Vise les parties des cages que le gardien mettra le plus de temps à atteindre : les coins hauts et bas.

2 Lorsque tu t'entraînes avec un gardien, essaie de tromper celui-ci en regardant différentes parties de sa cage. Ainsi, il aura plus de mal à prévoir la direction de ton tir.

3 Envoie le ballon au terme d'une brève course d'élan. Ne le tire pas comme un boulet car tu auras plus de mal à le contrôler. Essaie de placer ton tir dans les coins de la cage.

Réussis un strike

Renverse toutes les quilles d'un seul coup : c'est ce que l'on appelle un strike. Tu remporteras le maximum de points. Mais pour cela, respecte ces quelques conseils.

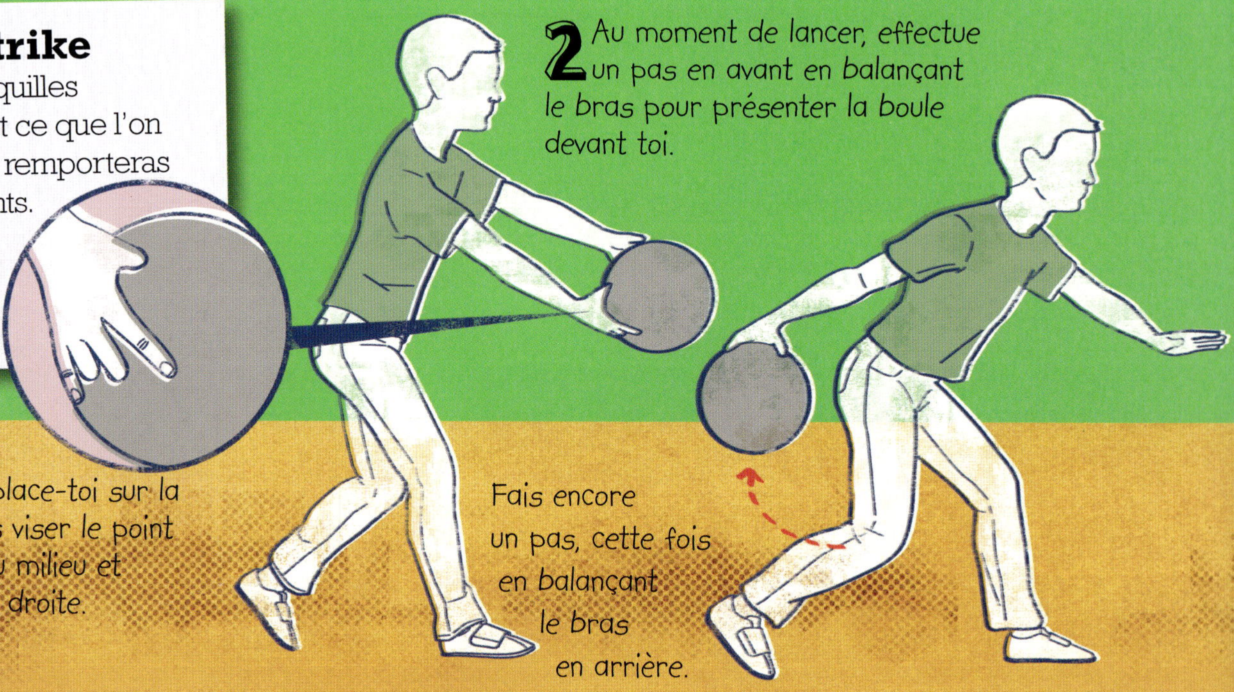

1 Saisis la boule et place-toi sur la ligne de tir. Tu dois viser le point situé entre la quille du milieu et celle située juste à sa droite.

Fais encore un pas, cette fois en balançant le bras en arrière.

2 Au moment de lancer, effectue un pas en avant en balançant le bras pour présenter la boule devant toi.

Au Service

Au tennis, un service puissant est une bonne manière de prendre l'ascendant sur l'adversaire. Entraîne-toi et tu seras bientôt capable de placer des aces imparables !

1 Lance la balle dans l'air à la verticale devant toi. Ploie le genou gauche et détourne légèrement ton corps du court de tennis.

2 Lorsque la balle commence à redescendre, frappe-la de ta raquette. Suis des yeux son parcours et prépare-toi au retour.

3 Lorsque la boule a atteint le point le plus haut au bout de ton bras relevé, ploie les genoux et lance le bras d'un mouvement fluide vers l'avant.

Lâche la boule et regarde les quilles tomber !

Deviens un as du lasso

Fais comme les cow-boys de l'Ouest américain : apprends à **manier le lasso**. Tu n'auras sûrement pas de bétail à réunir ni de veaux à mener au marquage, mais c'est **super** à pratiquer. Entraîne-toi sur une chaise. Le chapeau de cow-boy n'est pas obligatoire, mais les « yee-hoo » sont essentiels !

Il te faut

- Une longue corde souple
- Une chaise
- Un chapeau de cow-boy (en option)

1 Une fois ton lasso constitué, saisis-le, la réserve de corde enroulée dans une main. Dégage une boucle coulante de 60 cm de diamètre et tiens-la au-dessus du nœud dans ton autre main.

2 Tiens la boucle de ton lasso de côté et fais-la tourner dans le sens des aiguilles d'une montre. Ton poignet doit être détendu et tourner souplement.

3 Tout en faisant tourner le lasso, soulève-le au-dessus de ta tête. Fais bouger la corde comme si tu faisais tourner un cerceau autour de ton poignet.

Fais un nœud de lasso

Voici comment réaliser le nœud spécial qui permet au lasso de fonctionner.

1 Forme une boucle avec la corde et repasse l'une des extrémités dans la boucle. À ce stade, c'est comme pour faire un nœud simple, mais sans le serrer.

2 Repasse l'extrémité dans la boucle en passant par derrière, comme indiqué.

3 Maintenant serre la boucle de gauche (la première que tu as formée). Tu laisses ainsi un « œil » dans la corde, formé par la boucle de droite.

4 Serre bien le nœud. Pour terminer, passe la longue extrémité de la corde dans l'œil du nœud.

UN CONSEIL

Tu auras besoin de beaucoup de place pour faire tourner ton lasso. C'est donc dehors qu'il vaut mieux t'entraîner à son maniement.

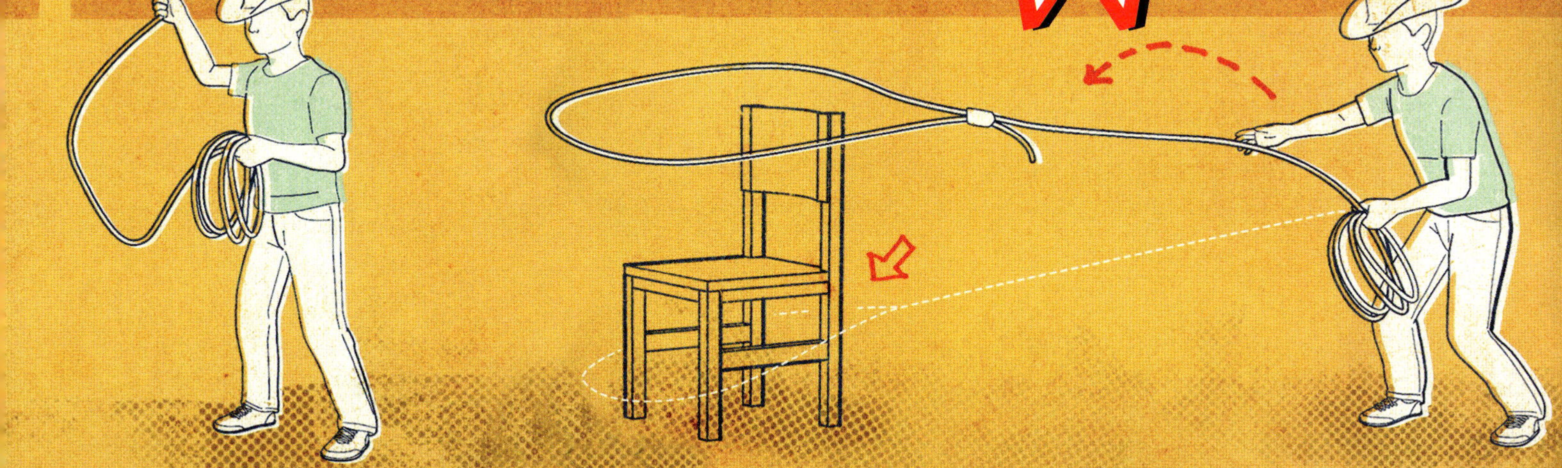

4 Vise la chaise et lance ta main en avant en laissant partir la boucle. Celle-ci devrait se trouver projetée devant toi.

5 Si tu as bien visé, la boucle devrait retomber autour de la chaise. Tire sur la corde pour resserrer la boucle autour de ta prise. Yee-hoo !

Des trucs impossibles !

Les bouches vont **béer d'étonnement** lorsque tu vas réaliser ces **tours incroyables** devant tes copains ou les membres de ta famille. Après, libre à toi de leur expliquer comment ça marche ou de garder le secret.

Il te faut

- Un œuf dur
- Une bouteille en verre à goulot large, mais plus étroit qu'un œuf
- Des allumettes

L'œuf dans la bouteille

Demande à tes amis s'ils connaissent un moyen de faire rentrer un œuf dur dans une bouteille sans le briser en morceaux. Lorsque, après avoir tout essayé, ils abandonneront, montre-leur comment procéder.

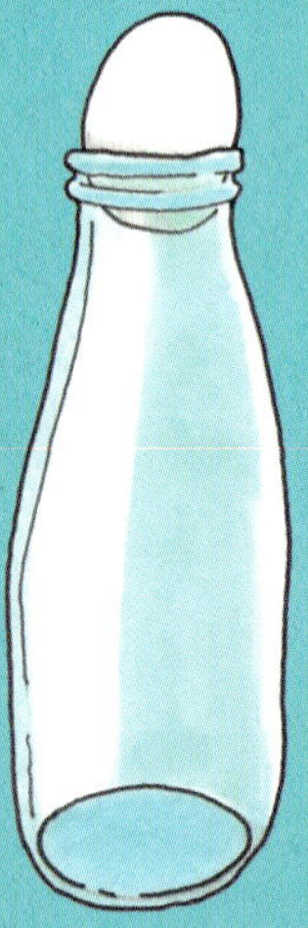

1 Place l'œuf dur, débarrassé de sa coquille, sur le goulot de la bouteille comme illustré ci-contre. Montre à l'assistance qu'il n'est pas possible de le faire passer à travers le goulot.

2 Demande à un adulte d'allumer deux allumettes et de les jeter dans la bouteille. Très vite, replace l'œuf sur le goulot.

L'air extérieur appuie sur l'œuf et le pousse vers l'intérieur de la bouteille.

FAIS DES ESSAIS

Teste plusieurs formes de bouteille pour voir laquelle se prête le mieux à l'expérience avec l'œuf.

3 Au bout de quelques secondes, l'œuf va se comprimer et passer de lui-même à travers le goulot pour tomber au fond de la bouteille.

Ce qui se produit

Lorsque les alumettes s'éteignent, l'air chaud dans la bouteille se refroidit et la pression à l'intérieur diminue. La pression de l'air extérieur, plus élevée, tend à comprimer l'œuf qui est aspiré vers l'intérieur. La pression s'équilibrera une fois que l'œuf sera passé.

Les fourchettes équilibristes

En positionnant les objets avec précision, tu peux les mettre en équilibre dans des situations où, au premier abord, cela semble impossible à réaliser. Le truc est de trouver précisément le centre de gravité, qui est le point sur lequel le poids s'applique.

Il te faut

- Deux fourchettes
- Des piques en bois de type cure-dent
- Un verre
- Des alumettes

1 Imbrique deux fourchettes l'une dans l'autre par les dents, comme le montre l'illustration.

2 Insère une pique en bois entre les dents, bien au milieu de la structure formée par les deux fourchettes. Place ensuite l'ensemble en équilibre sur le bord d'un verre, comme le montre l'illustration.

3 Une fois trouvé le point d'équilibre, demande à un adulte d'allumer une allumette et de mettre le feu à l'extrémité de la pique en bois située au-dessus du verre. Toute cette partie va brûler, laissant les fourchettes en équilibre sur un tout petit point de contact !

Attention. Les opérations des étapes 1 et 2 sont délicates à réaliser : tu peux te blesser en essayant d'imbriquer les deux fourchettes et l'insertion de la pique en bois n'est pas toujours facile à réaliser. C'est pourquoi il est conseillé de demander l'aide d'un adulte.

Affaire de frottement

Choisis deux livres de taille égale et imbrique-les l'un dans l'autre sur environ 5 cm en intercalant une page de l'un et une page de l'autre, et cela sur toute l'épaisseur. Donne les livres à un copain et demande-lui de tirer dessus pour les séparer. C'est quasiment impossible !

PATIENCE !
Plus il y a de pages qui s'intercalent, mieux le truc fonctionne. Prends donc un peu de temps pour bien intercaler les pages des deux livres.

Découvre les sept merveilles du monde antique

Les civilisations de l'Antiquité ont bâti nombre de **monuments impressionnants**. Au cours du temps, d'autres réalisations grandioses ont vu le jour et ont disparu, mais ces sept-là sont toujours considérées de nos jours comme **les sept merveilles du monde antique**.

LE TEMPLE D'ARTÉMIS À ÉPHÈSE

Aussi appelé Artémision ou Temple de Diane, il fut bâti à Éphèse, dans l'actuelle Turquie, pour honorer Artémis, la déesse grecque de la chasse. Érigé en marbre sur les ruines d'un temple plus ancien, il fut incendié et reconstruit avant d'être détruit vers l'an 400.

LA STATUE DE ZEUS À OLYMPIE

Cette statue géante du dieu grec fut érigée à Olympie vers 436 av. J.-C par le sculpteur athénien Phidias. Couverte d'or et d'ivoire, elle dépassait 12 m de haut. Elle fut détruite par un incendie en 461 à Constantinople, où elle avait été transportée.

LE PHARE D'ALEXANDRIE

Ce phare, tout premier de l'histoire, fut pendant des siècles l'un des plus hauts monuments du monde. Endommagé par des séismes, il était en ruine au XIVe siècle. L'actuel fort Qaitbay, à Alexandrie, est construit à son emplacement.

LE MAUSOLÉE D'HALICARNASSE

Lorsque le roi Mausole de Carie mourut en 353 av. J.-C., son épouse fit ériger ce monument funéraire en sa mémoire. Halicarnasse, devenue aujourd'hui la ville de Bodrum, en Turquie, abrite encore ses ruines.

LE COLOSSE DE RHODES

Cette statue, l'une des plus grandes de l'Antiquité, représentait Hélios, dieu grec du Soleil. Construite sur l'île grecque de Rhodes, elle dépassait 30 m de haut ; son sculpteur, Charès de Lindos, mit 12 ans pour l'achever. Elle fut détruite par un tremblement de terre vers 226 av. J.-C.

LES JARDINS SUSPENDUS DE BABYLONE

La légende raconte que le roi de Babylone, Nabuchodonozor II, fit construire ces jardins pour son épouse Amytis de Médie. Ils auraient disparu à partir du IIIe siècle av. J.-C. avec la cité elle-même, qui se situait dans l'actuel Irak. Mais il existe aujourd'hui des doutes sur leur existence réelle.

LA PYRAMIDE DE KHÉOPS

La grande pyramide de Khéops, sur le plateau de Gizeh, près du Caire, en Égypte est la seule des sept merveilles du monde antique encore debout de nos jours. Elle fut érigée vers 2650 av J.-C. et s'élève à 137 m de haut.

Glossaire

Accord
En musique, série de notes créant un ensemble harmonieux quand elles sont jouées ensemble.

Agence spatiale
Organisme rattaché au gouvernement d'un pays, responsable des programmes d'exploration spatiale.

Animation
Séquence d'images présentées rapidement les unes après les autres pour recréer l'illusion visuelle du mouvement.

Bongos
Paire de petits tambours solidaires, originaires de Cuba, joués à la main.

Boussole
Appareil fonctionnant grâce au magnétisme terrestre, permettant de localiser le nord.

Cactées
Famille de plantes grasses ou succulentes, le plus souvent dotées d'épines, qui stockent des réserves de sucs dans leurs tissus pour supporter les longues sécheresses. Beaucoup vivent dans les milieux désertiques.

Eau tonique
Boisson gazeuse au goût amer contenant de la quinine, et qui était jadis utilisée pour lutter contre la malaria, ou paludisme, une grave maladie tropicale propagée par les piqûres de certains moustiques.

Empreinte digitale
Marque unique et propre à chaque individu laissée à la surface d'un objet par les sécrétions de la peau du bout des doigts.

Équateur
Ligne imaginaire faisant le tour de la Terre à égale distance des pôles, et séparant la planète en deux moitiés égales.

Escadrille
Groupe d'avions volant et effectuant des interventions aériennes ensemble.

Fluide non newtonien
Substance fluide qui n'obéit pas aux lois habituelles de la mécanique des fluides et se comporte comme un solide lorsqu'on lui applique une forte pression.

Fossile
Vestiges d'un organisme préhistorique, tel qu'un squelette de dinosaure, qui ont été préservés dans le sol en se transformant en minéraux.

Frettes
Séries de barrettes présentes sur le manche d'une guitare, séparant celui-ci en plusieurs cases, correspondant à des notes distinctes.

Frottement
Force s'opposant au mouvement se produisant entre des surfaces en mouvement les unes contre les autres.

Illusion
Action visant à donner à quelqu'un une fausse impression.

Levure
Type de champignon microscopique utilisé comme ingrédient en cuisine pour faire lever les pâtes à pain, à gâteaux et autres préparations culinaires.

Lumière ultraviolette (UV)
Rayonnement lumineux dont la longueur d'onde est plus courte que celle de la lumière ordinaire, et qui est donc invisible à l'œil humain.

Molécule
Unité microscopique, donc invisible à l'œil nu, d'une substance, constituée d'un ensemble bien précis d'atomes et ayant des propriétés chimiques particulières.

Papilles
Terminaisons nerveuses présentes sur la langue et dans la bouche sensibles au goût des aliments, et qui participent à notre sens gustatif.

Pâte
Épais mélange de farine et de liquide utilisé dans la fabrication du pain, des pizzas, de la pâtisserie.

Pression de l'air
Force exercée par les molécules qui constituent l'air.

Quinine
Substance chimique présente dans certains sodas et qui devient fluorescente lorsqu'elle est exposée à la lumière ultraviolette.

Recyclage
Principe consistant à réutiliser des déchets et des rebuts pour les transformer en quelque chose de différent mais d'utile, au lieu de les jeter.

Sabre d'abordage
Sabre court à la lame légèrement incurvée jadis couramment utilisé dans les marines royales et par les pirates.

Système solaire
Ensemble de planètes et de leurs satellites en orbite autour d'un soleil (d'une étoile).

Thème
Sujet ou idée centrale, directrice, qui préside à la réalisation de quelque chose comme une fête, une histoire, un événement, etc.

Venin
Substance toxique produite par certains animaux comme les serpents, les araignées ou les scorpions, par exemple, servant à paralyser ou tuer leurs proies et, éventuellement, à se défendre contre leurs prédateurs.

Xylophone
Instrument de musique à percussion constitué de lames de bois de différentes longueurs, que l'on frappe avec des baguettes.

Index

L'éditeur remercie

Nikki Simms pour la lecture des épreuves, George Nimmo pour l'assistance à la production, Sonia Charbonnier pour l'assistance technique et Romaine Werblow pour l'iconographie.

ICONOGRAPHIE

Les éditeurs adressent également leurs remerciements aux personnes et/ou organismes cités ci-dessous pour leur aimable autorisation à reproduire les photographies :

(a = au-dessus ; b = bas/en dessous ; c = centre ; g = gauche ; d = droite ; h = haut)

62 Dorling Kindersley : Gary Kings - modéliste (c). 63 Dorling Kindersley : Graham High de Centaur Studios - modéliste (cd) ; Thomas Marent (cg) ; Gary Kings - modéliste (bc). 77 Dorling Kindersley : avec l'aimable autorisation de Body Shop (cda, hc, hd). 84 Dorling Kindersley : Richard Chisolm / Pearson Education (bg). 91 PunchStock : Burke / Triolo Productions / Brand X (cdb). 100 Dorling Kindersley : avec l'aimable autorisation de IFREMER, Paris (cb). 101 Dorling Kindersley : avec l'aimable autorisation de International Robotics (bc). Getty Images : Glowimages (hg). 111 Dorling Kindersley : Jerry Young (c).